新编经济学系列教材
NEW SERIES OF ECONOMIC TEXTBOOKS

（第三版）

证券投资分析学习指导

Securities Investment Analysis Study Guide

于 丽　胡海鸥　编著

复旦大学出版社

内容提要

《证券投资分析学习指导书》第三版是与主教材配套的一本学习指导书。指导书分为两个大的部分,第一部分理论概述是对主教材每一章节内容的总结,通过这些总结,学生可以概括性地了解每一章的内容。第二部分是配套的习题及答案。每一章的习题类型包括:名词解释、填空题、单项选择题、判断题、计算题和问答题。指导书的最后给出了每一章习题的答案。

本书第一部分是对每章内容的总结。这部分对主教材九章的内容进行了提炼性的总结,内容简明、扼要,重点明确,学生在学习主教材的时候可以适当参考,对把握教材重点内容帮助较大。第二部分是每章习题。习题内容丰富,题型多样。题目结合每一章的重难点内容,有一定的针对性。为方便学生完成习题,习题后附有答案。计算题和问答题的答案给出得比较详细,可以帮助学生理解有关问题。

由于编者水平有限,本书可能存在很多问题,欢迎各位读者批评指正。

三、股票的分类与价格 …………………………………… 11
第二节　基本证券商品——债券 ………………………………… 13
　一、债券的概念、特征 …………………………………… 13
　二、债券的种类 …………………………………………… 13
　三、股票与债券的区别 …………………………………… 13
第三节　基本证券商品——证券投资基金 ……………………… 14
　一、投资基金的基本概念 ………………………………… 14
　二、证券投资基金的分类 ………………………………… 15
　三、几个有关的概念 ……………………………………… 15
　四、我国投资基金运作与管理 …………………………… 16

第三章　证券市场的运行 ……………………………………………… 18
第一节　证券发行市场 …………………………………………… 18
第二节　证券流通市场 …………………………………………… 19
　一、证券流通市场基本概念 ……………………………… 19
　二、证券流通市场的构成 ………………………………… 19
第三节　基本证券商品交易 ……………………………………… 20
　一、股票交易程序 ………………………………………… 20
　二、股价指数 ……………………………………………… 21
　三、债券交易程序 ………………………………………… 22
　四、开放式基金的认购、申购和赎回及各种费用 ……… 22
　五、证券商品的信用交易 ………………………………… 23

第四章　证券投资风险衡量与分析 …………………………………… 24
第一节　证券投资风险 …………………………………………… 24
第二节　证券投资风险的衡量 …………………………………… 25
　一、马科维茨均值-方差理论 …………………………… 25
　二、资本市场线 …………………………………………… 27
　三、证券市场线 …………………………………………… 29

目 录

第一部分 理论概述

第一章 证券投资分析概述 ········· 3
第一节 证券投资分析的含义及功能 ········· 3
一、证券含义的界定 ········· 3
二、证券投资分析的含义及目标 ········· 4
三、证券投资分析的功能 ········· 4
第二节 证券投资分析理论的发展与演变 ········· 4
一、西方证券投资理论发展的主要脉络 ········· 4
二、西方证券投资基本分析理论概述 ········· 5
三、证券投资技术分析理论的产生与发展 ········· 6
四、证券投资基本分析理论和技术分析理论的区别 ········· 6
第三节 证券投资主要分析方法和策略 ········· 7
一、证券投资分析的主要方法 ········· 7
二、证券投资分析策略及其类型 ········· 8
第四节 证券投资分析的信息来源 ········· 9

第二章 证券商品基本交易分析 ········· 10
第一节 股票 ········· 10
一、股票的基本概念 ········· 10
二、股票的基本特征 ········· 10

第三节　证券投资的信用评级分析 ·············· 30
　一、证券信用评级的概念与内容 ·············· 30
　二、证券信用评级的功能 ·················· 30

第五章　证券投资的基本面分析 ················ 31
　第一节　证券投资基本面分析概述 ·············· 31
　　一、证券市场价格的主要影响因素 ············ 31
　　二、基本面分析的主要内容 ················ 31
　第二节　宏观经济分析 ···················· 31
　　一、政治因素对证券市场的影响分析 ··········· 31
　　二、宏观经济政策对证券市场的影响分析 ········ 32
　　三、经济周期对证券市场的影响 ············· 34
　　四、主要经济指标对证券市场的影响 ··········· 35
　第三节　行业分析 ······················ 37
　　一、我国证券市场的行业划分 ·············· 37
　　二、行业分析的基本内容 ················ 38
　　三、行业投资的选择 ··················· 39

第六章　公司上市条件和上市公司情况分析 ·········· 40
　第一节　公司上市概述 ···················· 40
　　一、股票上市的概念 ··················· 40
　　二、上市公司的概念 ··················· 40
　　三、公司上市的意义 ··················· 40
　第二节　公司上市的条件 ··················· 41
　　一、主板、中小板和创业板的定义 ············ 41
　　二、股份有限公司公开发行股票需要具备的条件 ····· 41
　　三、股票上市需要具备的条件 ·············· 42
　　四、主板、中小板、创业板上市条件的主要区别 ····· 42
　　五、B股上市条件 ···················· 43

3

  六、暂停上市与终止上市 ·· 43
 第三节 上市公司情况分析 ·· 44
  一、公司基本素质分析 ·· 44
  二、上市公司的财务分析 ·· 45
  三、上市公司财务状况分析的指标运用 ································ 45
  四、上市公司财务状况分析的缺陷 ···································· 54

第七章 证券投资的技术指标应用 ·· 55
 第一节 证券投资技术分析与基本面分析的关系 ·························· 55
  一、证券投资技术分析基本概念 ······································ 55
  二、技术分析的基本要素 ·· 55
 第二节 K线理论 ·· 57
 第三节 均线分析 ·· 60
  一、移动平均线的绘制与分析 ·· 60
  二、移动平均线的基本分析与葛兰维尔八大法则 ···················· 61
 第四节 切线理论 ·· 63
  一、趋势分析 ·· 63
  二、支撑线、压力线 ·· 64
  三、趋势线和轨道线 ·· 65
  四、黄金分割线 ·· 66
 第五节 形态理论 ·· 67
  一、持续整理形态 ·· 67
  二、反转突破形态 ·· 73
 第六节 其他技术指标的应用分析 ·· 77
  一、乖离率指标 ·· 77
  二、平滑异同移动平均线 ·· 77
  三、相对强弱指标 ·· 78
  四、随机指标 ·· 78

五、威廉指标 ………………………………………………… 79

第八章　金融衍生商品交易分析 ………………………………… 81
　第一节　期货交易 …………………………………………… 81
　　一、期货交易概述 …………………………………………… 81
　　二、国债期货交易 …………………………………………… 82
　　三、股票指数期货交易 ……………………………………… 82
　第二节　证券期权交易 ……………………………………… 84
　　一、期权交易的种类 ………………………………………… 84
　　二、期权价格的构成及期权与期货交易的比较 …………… 85
　　三、期权交易的案例分析 …………………………………… 87
　第三节　权证 ………………………………………………… 90
　　一、权证的基本概念及包含的要素 ………………………… 90
　　二、权证的分类 ……………………………………………… 91
　　三、权证的价格及其影响因素 ……………………………… 91

第九章　证券市场的监管 ………………………………………… 93
　第一节　证券市场监管概述 ………………………………… 93
　　一、证券市场监管的目的 …………………………………… 93
　　二、证券投资监管的原则和方针 …………………………… 93
　　三、证券投资监管的方式与手段 …………………………… 94
　　四、证券市场监管模式介绍 ………………………………… 95
　第二节　证券市场监管的主要内容 ………………………… 95
　　一、对证券发行市场的监管 ………………………………… 95
　　二、对证券交易市场的监管 ………………………………… 97
　　三、对证券交易所的监管 …………………………………… 97
　　四、对证券业从业人员的监管 ……………………………… 98
　　五、对证券经营机构的监管 ………………………………… 98
　第三节　证券市场监管的处理 ……………………………… 99

一、证券市场监管的法律规范 …………………… 99
二、证券市场违法违规行为的分类 ……………… 100
三、证券市场违法违规行为的法律责任 ………… 101

第二部分 习题及解答

第一章 证券投资分析概述 …………………………… 105
第二章 证券商品基本交易分析 ……………………… 108
第三章 证券市场的运行 ……………………………… 113
第四章 证券投资风险衡量与分析 …………………… 118
第五章 证券投资的基本面分析 ……………………… 123
第六章 公司上市条件和上市公司情况分析 ………… 126
第七章 证券投资的技术指标应用 …………………… 132
第八章 金融衍生商品交易分析 ……………………… 138
第九章 证券市场的监管 ……………………………… 144
答案 ……………………………………………………… 148

第一部分

理论概述

第一章　证券投资分析概述

第一节　证券投资分析的含义及功能

一、证券含义的界定

证券，是一种对某项财物或利益拥有所有权的书面凭证。它主要有以下划分：(如图1-1)

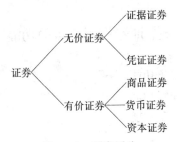

图1-1　证券划分

有价证券与无价证券最为明显的区别是它的流通性。无价证券不能流通，有价证券则可以。有价证券可以划分为以下三类。

1. 商品证券

商品证券是提取某种商品或货物领用权的凭证，如提单、运货单、仓栈单等。

2. 货币证券

货币证券是拥有、提取和领用某种货币的凭证,如支票、汇票和期票等。

3. 资本证券

资本证券是拥有对某种投资资本权益的凭证,如债券、股票、认股权证,及其他一些政府或法律规定的投资品的权益凭证等。

二、证券投资分析的含义及目标

证券投资指的是投资者通过购买股票、基金、债券等有价证券及其衍生品,以期获得红利、利息及资本利得的投资行为与投资过程。

证券投资分析的目标主要如下:

1. 力争投资决策的科学性
2. 实现证券投资净效用最大化

三、证券投资分析的功能

1. 资本大量聚集功能
2. 资本高效配置功能
3. 资本均衡分布功能

第二节 证券投资分析理论的发展与演变

一、西方证券投资理论发展的主要脉络

西方证券市场发展至今已经有 400 多年的历史了,证券投

资理论也随之有相应的发展。该理论包括基本分析理论、技术分析理论、投资组合理论,以及行为金融理论下的证券投资理论等。

西方证券投资理论的发展大致经过了三个阶段:第一阶段是古典证券投资理论(20世纪50年代前);第二阶段是现代证券投资理论(20世纪50年代—80年代);第三阶段是当代证券投资理论(20世纪80年代至今)。

证券投资理论纷繁复杂,归纳起来大致分为四大流派及一个假说。四大流派为:技术分析理论流派、基本分析理论流派,证券投资组合理论流派和行为金融理论之下的证券投资理论。一个假说即有效市场理论。

二、西方证券投资基本分析理论概述

西方证券投资理论中的基本分析流派强调股票的基本价值,认为股票的市场价格由公司基本价值决定。由于对股票基本价值的判断不同,基本分析流派又分为价值投资流派和成长分析流派。随着时间的推移和投资理论的不断发展,基本分析的两个流派逐渐融合,形成系统的基本分析理论体系。

最早对"价值投资"进行论述的是美国金融帝国的创始人摩根。本杰明·格雷厄姆是西方证券投资理论的发展史上第一个使用理论观点对股票市场进行分析的学者,被誉为"价值投资之父"。1938年,威廉姆斯提出公司股票价值评估的股利贴现模型(DDM)。1952年,马科维茨提出证券组合理论,标志着现代组合投资理论的开端。1963年,夏普提出单因素和多因素模型。1964—1966年,夏普、林特耐和摩辛同时提出资本资产定价模型CAPM。1976年,蒂芬·罗斯提出套利定价理论(APT理论)。1970年,尤金·法玛提出了有效市场假说,他根据市场对信息反映的强弱程度不同可以将有效市场分为：弱有效市场、半强有效市场、强有效市场。

三、证券投资技术分析理论的产生与发展

技术分析可以追溯到 200 多年前的日本，当时日本投资者就运用 K 线图理论对商品市场的价格走势进行分析。查尔斯·道创造了道氏理论，是使用最早和影响面最大的技术分析理论之一。威廉·江恩是证券投资分析流派中另一位具有先驱地位的人物。江恩自己提出了"江恩理论"。江恩理论最早应用在期货市场。艾略特于 1939 年提出"波浪理论"。

四、证券投资基本分析理论和技术分析理论的区别

1. 技术分析的假设条件

以道氏理论为基础，技术分析流派建立在三个假设条件之上：（1）证券市场行为涵盖一切信息；（2）证券的价格变动有一定的规律性；（3）历史或市场会重演。

2. 证券投资中基本分析理论和技术分析理论的区别

（1）基本分析法和技术分析法都认为证券市场价格受市场上供求力量的影响。技术分析法则主要是分析证券市场价格本身的变化，并以此来预测其未来的价格走势。

（2）基本分析法注重分析证券的内在价值，技术分析法不考虑证券的内在价值，只是集中分析证券价格的变动趋势。

（3）基本分析法注重对证券价格长期趋势的分析。技术分析法虽然也对证券价格进行长期趋势分析，但主要的还是以中短期

分析为主。

（4）基本分析法注重对宏观经济、行业状况及公司业绩等分析，由此判定证券的内在价值，通过对比证券的市场价格和内在价值，做出投资决策。技术分析主要通过一系列技术指标、图形的综合分析，对市场的过去行为进行分析和总结，实现对证券价格未来趋势的预测。

（5）基本分析法进行的是因素分析，在分析某一市场之前，分析者必须成为这个市场的专家。技术分析法比较灵活，适用面广，既可运用于股票市场，也可运用于期货、期权市场，外汇、黄金市场等。

第三节　证券投资主要分析方法和策略

一、证券投资分析的主要方法

证券投资分析主要包括四种方法：基本分析法、技术分析法、证券组合分析法和行为金融分析法。

1. 基本分析法

基本分析法又称基本面分析，是指证券分析师根据经济学、金融学、财务管理学及投资学等基本原理，对决定证券价值及价格的基本要素，如宏观经济指标、经济政策走势、行业发展状况等进行分析，评估证券的投资价值，判断证券的合理价位，提出相应的投资建议的一种分析方法。

2. 技术分析法

技术分析法是以证券市场过去和现在的市场行为为分析对

象,应用数学和逻辑的方法,探索出一些典型的变化规律,并据此预测证券市场未来变化趋势的技术方法。

以价格、成交量的历史资料为基础,运用统计、数学计算、绘制图表方法等手段,技术分析演绎出多种分析方法。一般说来,技术分析方法可以分为如下五类:指标类、切线类、形态类、K线类、波浪类。

3. 证券组合分析法

该方法以多元化投资组合来有效地降低非系统性风险。典型代表如马科维茨的均值方差模型、夏普和林特耐的资本资产定价模型和罗斯的套利定价理论。

4. 行为金融分析法

行为金融分析法源于20世纪80年代,由于证券市场上不断出现一些"异象",与经典理论相悖,且不为经典理论所解释,如周末现象(周五股票价格提前反映一些下个周一的信息)、假日现象等。

二、证券投资分析策略及其类型

按投资策略的理念划分,证券投资分析可以分为消极型投资策略、积极型投资策略和混合型(博采型)投资策略。

按投资决策的灵活性划分,证券投资分析可划分主动型投资策略和被动型投资策略。

按投资策略适用期限划分,证券投资分析可划分为战略型投资策略和战术型投资策略。

按投资品种划分,证券投资分析可划分为股票型投资策略、债券型投资策略及另类产品投资策略。

第四节　证券投资分析的信息来源

证券投资分析的信息主要来自以下八个方面：
(1) 政府部门的信息；
(2) 证券交易所的信息；
(3) 中国证券业协会的信息；
(4) 证券登记结算公司的信息；
(5) 上市公司的信息；
(6) 中介机构的信息；
(7) 媒体的信息；
(8) 其他信息来源。

第二章 证券商品基本交易分析

第一节 股 票

一、股票的基本概念

股票是股份有限公司公开发行的、用以证明投资者股东身份和权益,并据以获得股息和红利的凭证。股票是一种有价证券,一经发行,只能通过证券市场将股票转让和出售。

二、股票的基本特征

股票所承担的权责利与其他证券商品有所不同,这是股票本身的特点所决定的。

1. 权利性

股东有参与公司决策的权利,有权参与股东大会,听取董事会报告,对公司经营状况、决策管理、重大筹资或投资项目以及分红派息方案等都有发言权和表决权。

2. 责任性

股东享有公司一定的权利,自然也就应对公司经营结果承担相应的责任和义务。

3. 非返还性

人们购买股票,就是向发行该股票的公司投资,它反映的不是借贷关系,所以,无偿还期限。

4. 盈利性

股票的收益主要来自两方面:一是公司发放的股息红利;二是通过证券流通市场赚取买卖股票的差价,属于资本利得。

5. 风险性

股票投资的风险性主要表现为不能获取预期回报或者造成无法预料的投资本金损失,它表现在股票市场交易的价格波动上。

三、股票的分类与价格

根据不同的标准,股票有不同的分类。按股票所代表的股东权利划分,股票可以分为普通股股票和优先股股票。按照是否在票面上记载股东姓名,股票可以分为记名股票和不记名股票。按照有无票面价值划分,股票可以分为有面值股票和无面值股票。按上市地点分类,我国上市公司的股票有 A 股、B 股、H 股、N 股、S 股等的区分。

1. 普通股

普通股是指每一股份对发行公司财产都拥有平等的权益,并不加特别限制的股票。它是股票家族中最基本、最重要的成员,基本特征包括:(1) 经营参与权;(2) 优先认股权;(3) 剩余财产分配权。

2. 优先股
优先股是指在公司股息分配或公司剩余财产分配上享有比普通股优先权利的股票。优先股的基本特点包括：(1) 股息优先并且固定；(2) 优先清偿；(3) 有限表决权；(4) 优先股可由公司赎回。优先股通常可分为累积优先股、可调换优先股和参与优先股。

3. 我国特定时期的股份种类
我国独特的股权分类结构包括：
(1) 国家股；(2) 法人股；(3) 个人股；(4) 人民币特种股(B股)；(5) H 股。

4. 股票价格
(1) 票面价格。又称面值，它表明每股股份对公司总资本所占有的比例。票面价格按国际惯例一般定为一元。

(2) 发行价格。它一般高于票面价格。发行价格就是新股的实际销售价。

(3) 账面价格。股票账面价格是公司会计记录时所反映的每股股份实实在在的投资价值，这价格实际代表每股股票的净资产价值，它并不等于票面价格。

(4) 内在价格。内在价格是一种用于分析股票未来收益的理论价格，可以判断其市价是否具有潜在的投资价值。

(5) 市场价格。人们通常将市场价格称为行情，这也是市场转让股票的即时价格。

(6) 清算价格。清算价格是公司在破产清算时，每一股份所代表的真正价格。

第二节 基本证券商品——债券

一、债券的概念、特征

债券也是证券投资客体,是政府(中央政府及地方政府)、各金融机构(商业银行及非银行金融机构)和公司企业等为了筹措资金向社会公众发行的。

其基本特征为:(1)偿还性;(2)流通性;(3)稳定性和风险性。

二、债券的种类

(1)按发行主体的不同,债券主要分为政府债券、金融债券和公司债券。

(2)按债券形态划分,分为实物券、凭证式债券和记账式债券。

(3)按债券利息支付方式划分,有附息债券、贴现债券、累进计息债券和零息债券。

(4)按债券偿还方式划分,有到期一次偿还债券、未到期的提前偿还债券和替代偿还债券。

(5)按发行区域划分,可分为国内和国外债券。

三、股票与债券的区别

(1)从性质上看。股票体现了股东对公司部分财产的所有权;债权人体现的是债权债务关系。

(2) 从发行目的看。公司发行股票是为了筹措自有资金，所筹款项无需归还；而公司发债，一般为了短期资金需求而追加，所筹款项列入公司负债。

(3) 从偿还时间上看。股票无期限，资金无需偿还。债券有期限，到期必须偿还。

(4) 从收益形式上看。投资股票可获得股息红利，还有资本利得。但风险较大。债权人从公司的税前利润中得到固定收益债券的回报在股票之前，其索赔权也排在股票之前。

(5) 从风险性看。债券属于单纯的投资对象，投机性小，风险低，收益固定。股票价格变动频繁，风险大，投机性强，预期收益比债券高，收益不稳定。

(6) 从发行单位看。除股份有限公司既可发股又可发债外，其他部门，包括政府都只能报批发行各类债券，而不得发行任何形式的股票。

第三节 基本证券商品——证券投资基金

一、投资基金的基本概念

投资基金也称为共同基金，或单位信托基金。它是一种由不确定的众多投资者在自愿基础上，不等额出资汇集而成，具有一定规模的信托资产，"受人之托，代人理财"是其本质所在。

投资基金的基本特点包括：

(1) 专业人员操作经营；(2) 实行投资的最佳组合；(3) 按净资产比例分配。

二、证券投资基金的分类

(1) 根据基金单位是否可增加或赎回,可将基金分为封闭式基金和开放式基金。

封闭型基金与开放型基金的区别包括:
① 基金规模可变性不同;② 基金单位交易价格不同;③ 基金投资比例及投资方式不同。

(2) 根据组织形态的不同,证券投资基金可分为公司型基金和契约型基金。

(3) 根据投资收益与风险的不同,可分为成长型、平衡型和收入型基金。

(4) 根据投资对象不同,可分为股票基金、债券基金、期货基金、货币市场基金等。

三、几个有关的概念

1. 分级基金

分级基金也叫"结构型基金",指在一个投资组合下,通过对基金收益或净资产的分解,形成两级(或多级)风险收益,表现有一定差异化基金份额的基金品种。

2. QDII

QDII 是在一国境内设立,经该国有关部门批准,从事境外证券市场的股票、债券等有价证券业务的证券投资基金。

3. QFII

QFII 是(合格的境外机构投资者)的首字缩写,QFII 制度实质上就是对进入本国证券市场的外资进行一定的限制。

4. ETF

ETF是"交易型开放式指数基金",是一种在交易所上市交易的开放式证券投资基金产品,交易手续与股票完全相同。

5. LOF

LOF是一种既可以同时在场外市场进行基金份额申购或赎回,也可以通过份额转托管机制将场外市场与场内市场有机联系在一起的一种开放式基金。

ETF基金和LOF基金的差异点:
(1)适用的基金类型不同;(2)申购和赎回的标的不同;(3)套利操作方式和成本不同。

四、我国投资基金运作与管理

1. 基金的募集、申购、赎回

基金募集期限自基金份额发售之日起不得超过三个月。

基金管理人应当自收到投资者申购、赎回申请之日起三个工作日内,对该申购、赎回的有效性进行确认,但中国证监会规定的特殊基金品种除外。

基金管理人应当自接受投资者有效赎回申请之日起,七个工作日内支付赎回款项,但中国证监会规定的特殊基金品种除外。

2. 基金的投资与分配

一只基金持有一家上市公司的股票,其市值不得超过基金资产净值的百分之十;同一基金管理人管理的全部基金持有一家公司发行的证券,不得超过该证券的百分之十;基金财产参与股票发行申购,单只基金所申报的金额不得超过该基金的总资产,单只基金所申报的股票数量不得超过拟发行股票公司本次发行股票的总量;一只基金持有其他基金(不含货币市场基金),其市值不得超过基金资产净值的百分之十,但基金中基金除外;基金中基金持有其他单只基金,其市值不得超过基金资产净值的百分之二十;基金总资产不得超过基金净资产的百分之一百四十。

封闭式基金的收益分配,每年不得少于一次,封闭式基金年度收益分配比例不得低于基金年度已实现收益的百分之九十。

3. 优化指数基金操作

所谓优化指数,是相对于简单型指数基金而言的。简单型指数基金是指基金投资组合构成与所跟踪的指数完全一致,包括股票种类及其权数,并不随其指数的涨跌同比例增加或减少持股比例。这样的投资组合保持着与指数的涨跌方向及幅度完全一致。

优化指数型基金的操作基本思路是以某个股价指数为参照,在股票投资组合中的结构和数量比例,基本参照指数的编制确定方法,使基金持有的股票比例与构成和指数的股票权重比例基本相符。这种投资方式决定了基金的收益率基本等于指数的涨跌幅度。

第三章　证券市场的运行

第一节　证券发行市场

证券发行人将自行设计、代表一定权利的有价证券商品,通过媒介转让销售给需要投资的人们,此过程统称为证券发行。证券发行的主要当事人有三方面:发行人、投资者和中介商。

证券发行方式和发行价格的确定主要如下。

1. 股票的发行

我国的新股发行方式经历了一个不断探索的过程。1991年和1992年采用限量发售认购证方式,1993年开始采用无限量发售认购证方式及与储蓄存款挂钩方式,此后又采用过全额预缴款、上网竞价、上网定价、市值配售、网下向机构投资者询价配售等方式。在总结经验教训的基础上,目前国内新股发行方式主要采用上网定价发行、市值配售和询价配售等几种方式。2014年前半年重新发行新股,发行按市值配售,采用全额预缴、比例配售、余款退还的方式。2016年开始,新股发行还是按市值配售,但又有新的改革,不用预缴款,中签后保证账面中有相应的资金,证券公司会自动扣款,新股认购即成功。

2. 股票发行价格的确定

新股发行价格基本上有三种确定方法:(1)市盈率定价法;

(2)竞价确定法；(3)净资产倍率法。

3. 债券的发行

债券发行价格取决于多种因素,如发行额度、票面利率、偿还期限等,其中票面利率是关键,因它是事先确定的,一些事后影响的因素则要通过发行价格的调整来表现,以消除市场上的抢购或滞销。发行价格相对于面值,有平价发行、溢价发行和折价发行。

第二节 证券流通市场

一、证券流通市场基本概念

证券流通市场是买卖已发行的证券商品的有形场所,是证券商品所有权在投资者手中流转易手的集散地,它与证券发行市场相对应,也称为二级市场、次级市场或有形市场。

证券流通市场有两个基本职能:一是为投资者提供在需要现金时按市场价格变现的场所;二是为不断增加的新投资者提供投资、投机机遇和实现个人聪明才智、自身价值的舞台。

二、证券流通市场的构成

(1)证券交易所。证券交易所的组织形式有公司制证交所和会员制证券交易所。公司制证交所由商业银行、证券公司、投资信托机构及各类工商企业等共同出资入股建立起来的,是以盈利为目的的公司法人。会员制证券交易所为若干证券公司及企业自愿组成,不以盈利为目的,实行自律型管理的会员制事业法人。公司制证交所和会员制证券交易所各有优缺点。

（2）场外交易市场。场外交易市场又称柜台市场或店头市场，英文缩写为OTC，它是证券流通市场的重要组成部分。

（3）第三市场。这是指原来在交易所上市的证券，现在转移到场外进行交易所形成的市场。

（4）第四市场。第四市场是指直接通过计算机网络，没有经纪人的一个场外交易市场。

（5）证券佣金经纪商。佣金经纪商是专门代客买卖证券，收取服务费的券商。

第三节 基本证券商品交易

一、股票交易程序

1. 开户

开户有两层含义，一是券商在证交所开设有账户，用以接受客户委托买卖，其前提是该券商为证交所会员，该账户称为一级账户。二是投资者在证交所开设的证券账户，俗称磁卡，以取得证券交易的资格，也称二级账户。

2. 委托

委托价格主要有如下几种：
（1）市价委托；（2）限价委托；（3）停止损失委托。

3. 竞价

竞价方式一般在开市前采用集合竞价，在开市后采用连续竞价两种方式。竞价原则是价格优先，时间优先。集合竞价只适用于 A 股,B 股不采用集合竞价方式。集合竞价时间是 9:15—9:25 分,连续竞价的时间是 9:30—15:00。

4. 清算
清算是将买卖证券的数量与金额在交易结束后分别相抵,并交割净额或钱款的程序。

5. 交割
清算之后,办理交割手续,这时投资者买方付款领券,卖方付券领款,双方在券商处相互交换钱券的行为称为交割。

交割通常采用以下几种方法:
(1) 当日交割;(2) 次日交割;(3) 例行交割。

6. 过户
所谓过户是股权或债权的所有权转让后,登记变更手续。

二、股价指数

股价指数是反映股市行情的综合指数。编制股票价格综合指数前,先得计算股价平均价,计算股价平均价的方法主要有如下几种。

1. 算术平均数
算术平均数选用若干股票的收盘价依次相加再除以股数得出,其公式为:

$$算术平均数 = \frac{1}{n}\sum_{i=1}^{n} P_i \times 固定乘数 \qquad (3.1)$$

2. 加权指数

权数的划分可以按时间确定,其采用基期数据的公式为

$$加权指数 = \frac{\sum_{i=1}^{n} P_{1i} Q_{0i}}{\sum_{i=1}^{n} P_{0i} Q_{0i}} \times 固定乘数 \tag{3.2}$$

3. 几何平均数

少数国家的证券交易所采用几何平均法来计算股价指数,几何平均法的计算公式为

$$I = \frac{\sqrt[n]{P_1 \times P_2 \times \cdots \times P_n}}{P_0} \times 固定乘数 \tag{3.3}$$

三、债券交易程序

(1)开户;(2)委托;(3)成交;(4)清算和交割;(5)过户。

四、开放式基金的认购、申购和赎回及各种费用

投资者购买开放式基金也必须先办理开户手续,拥有开放式基金账户,然后才能买卖开放式基金。

认购是指在开放式基金募集期间,投资者申请购买基金的行为。在基金募集期间,投资者可进行多次认购,但已申请的认购不能撤单。募集期间,投资者在 T 日的认购申请,于 T+2 日可在销售商处查询初步确认结果。

基金申购是指基金在存续期间,投资者向基金管理人提出申

请购买基金份额的行为。当日的申购申请可以在 15:00 以前撤销。投资者一般于 T+2 日起可查询申购确认结果。

基金赎回是指投资者通过基金销售机构申请将手中持有的基金份额变现的行为。当日的赎回申请可以在 15:00 以前撤销。基金管理人通常将在 T+7 日内支付赎回款项。

在申购开放式基金时支付的手续费一般称为申购费,赎回时支付的则称为赎回费,目前国内开放式基金的申购费率水平普遍在1.5%以下,赎回费率水平则以 0.5% 居多。在实际运作中,申购费的收取方式有两种,一种称为前端收费,另一种称为后端收费。前端收费指在购买开放式基金时就支付申购费的付费方式,后端收费指的则是在购买开放式基金时并不支付申购费,等到赎回时才支付的付费方式。后端收费的设计目的是为了鼓励能够长期持有基金。

五、证券商品的信用交易

证券商品信用交易包括融资交易和融券交易。融资交易是指当投资者预计未来证券价格将会上涨,并通过证券信用交易方式买入。也就是投资者按照初始保证金的水平预交一部分价款,其余差额由证券商垫付。等证券价格上涨后,再高价卖出证券,并将所借价款还给证券商,从中赚取涨价的收益。融券交易是指当投资者预计证券价格将要下降,向券商交纳一定的保证金后,由证券商垫付证券,并将证券出售,等证券价格下跌后,再低价买进证券还给证券商,从中赚取降价收益的交易方式。

第四章 证券投资风险衡量与分析

第一节 证券投资风险

所谓风险,是指投资财产损失的可能性。证券风险分为系统性风险和非系统性风险。

(1) 系统性风险。

系统性风险是指由于公司外部、不为公司所预计和控制的因素造成的风险。通常表现为国家、地区性战争或骚乱,全球性或区域性的石油恐慌,国民经济严重衰退或不景气,国家出台不利于公司的宏观调控的法律法规,中央银行调整利率等。系统性风险包括:

① 政治政策性风险;② 利率风险;③ 购买力风险;④ 汇率风险。

(2) 非系统性风险。

非系统性风险指由股份公司内部微观因素造成证券价格下跌的可能性,它只存在于相对独立的范围,或者是个别行业中。

非系统性风险主要包括如下几种:

① 企业经营风险;② 企业财务风险;③ 企业道德风险;④ 信用风险。

第二节　证券投资风险的衡量

一、马科维茨均值-方差理论

证券组合理论提出一套理论框架,运用二维规划和复杂的数理统计方法,以解决如何最有效地分散组合证券风险,求得最大收益。它的重要假定是,人们确定投资的预期收益时,期望证券组合的风险最小;确定投资风险后,则要追求预期收益的最大化。也就是说,如果没有额外的收益,他们不愿承担额外的风险,由此可实现证券风险和收益最有效转换。均值方差理论奠定了证券组合理论的基本框架,通过风险测量,较为准确地计算出投资者收益和成本遭受损失的可能性。在此基础上,经过许多学者的不断完善和发展,逐渐形成证券组合理论。

1. 证券组合均值或预期值的计算

均值就是投资的预期收益,或者称预期值,采用证券投资的各种可能收益的加权平均值,以各种可能收益发生的概率作为权重,证券组合的预期收益率公式表达为

$$\bar{R}_p = \sum_{i=1}^{n} X_i \bar{R}_i \tag{4.1}$$

$\bar{R}_p$——证券组合收益预期收益率。
X_i——投资于证券 i 的期初市场价值在组合中所占的比重。
$\bar{R}_i$——证券 i 的预期收益率。
n——证券组合数目。
这里,为了理解某证券的预期收益率,再给出某证券 i 的预期

收益率的公式：

$$\bar{R}_i = \sum_{i=1}^{n} R_{ij} P(R_{ij}) \tag{4.2}$$

R_{ij}——证券 i 第 j 种可能的收益率。
$P(R_{ij})$——证券 i 收益的第 j 种可能性的概率。
n——可能性的总和。

2. 证券组合的方差——确定风险测度指标的计算

运用统计学中的方差（标准差）VARIANCE 来对实际收益率偏离预期收益率的幅度作出估算，也就是对证券投资风险作出数理统计的测度。以下就是方差公式：

$$\text{var}_i = \sum_{j=1}^{n} P(R_{ij}) (R_{ij} - \bar{R}_i)^2 \tag{4.3}$$

式中：var_i 表示某个证券的方差。var_P 表示证券组合的方式。

3. 证券组合与协方差计算

所谓协方差，是两个证券收益离差乘积的加权平均值，它以离差的概率为权数。协方差与方差不同：方差是两个证券收益离差本身平方的平均值，协方差是两种证券与各自离差之积的平均值；方差在任何情况下，都是正数，协方差值是可正可负。

如果两种证券的收益变动一致，协方差就会大于零；如果两种证券的收益变动相反，协方差就会小于零；如果两种证券的收益变动无规律，协方差就会等于零。

4. 证券组合与相关系数的计算

相关系数一般采用 A、B 两证券的协方差作分子，它们以各自标准差的积作分母来表示。其取值范围在负 1 与正 1 之间。

当相关系数取值大于0小于1时,即两种证券之间存在着一种正相关关系。系数越接近1,两种证券之间的正相关性越强,证券组合的风险也越大;反之,越趋于0,正相关性就越弱,或者说,负相关性就越强。当系数取值为负1,表明两个证券之间完全负相关,即两个证券彼此之间风险完全抵消,这是一种理想的投资组合。

5. 有效边界概念与最佳组合

以风险指标为横坐标,预期收益指标为纵坐标。任何一种证券组合都可以在坐标平面中找到相应的一点,证券的有效组合在图中AB弧线上。因为在这段弧线上投资者可以实现既定的预期收益下风险最小,或者既定风险下,收益最大。

证券市场的有效边界即为AB弧线。

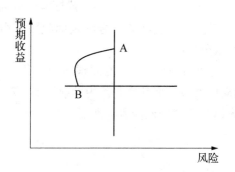

图4-1 证券组合的有效边界

二、资本市场线

资本市场线(CML)主要分析资本市场实现均衡时,人们根据证券组合理论进行决策,通过对投资者集体行为的分析,求出所有证券和证券组合的均衡价格,这就是资本资产定价模型理论,它是在马氏证券组合理论基础上发展起来的 CAPM 理论。资本市场线只是其中一部分内容,另一部分是证券市场线理论。

资本市场线可用以下公式(4.4)表达:

$$\bar{R}_P = R_f + \frac{\bar{R}_m - R_f}{V_m} \times V_p \tag{4.4}$$

式中:$\bar{R}_p$ 表示在均衡条件下,任一证券或证券组合的预期收益率;

$\bar{R}_f$ 表示市场无风险贷出利率,也是无风险资产的投资点,在此点上,只有收益,而无风险;

$\bar{R}_m$ 表示市场风险组合的预期收益率;

V_m 表示市场风险组合的风险;

V_p 表示在均衡的条件下,任一证券或证券组合的风险。

式(4.4)表明任一有效证券组合的预期收益率由无风险利率和风险收益两部分构成。

资本市场线即为图 4-2 中的射线 R_fM。引入无风险借贷后,人们所面对的有效界面就变为图中的射线 R_fM。M 点是所有有效组合与无风险资产的最佳风险性证券组合。

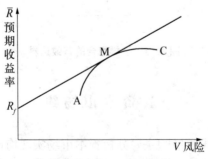

图 4-2 资本市场线

三、证券市场线

在介绍证券市场线(SML)之前,首先分析β系数。所谓β系数,是美国经济学家威廉·夏普(William Sharpe)提出的风险衡量的相对指标,反映证券组合波动性与市场波动性之比。如果市场基准为1.0,而β值为1.1,表明该股票波动性要比市场大盘高百分之十,如β值为0.95,则说明该股票波动性弱于大势。证券市场线表明各种证券的收益率与以β值衡量的风险之间的关系。

证券市场线方程如式(4.5)所示:

$$\bar{R}_i = R_f + (\bar{R}_m - R_f) \times \beta_i \qquad (4.5)$$

式中:$\bar{R}_i$ 为某证券的预期收益率;

R_f 为无风险贷出利率;

$\bar{R}_m$ 为市场风险组合的预期收益率;

β_i 为某证券的波动性与市场波动性之比。

进一步还可用图4-3说明:

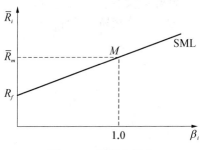

图4-3 证券市场线

第三节　证券投资的信用评级分析

一、证券信用评级的概念与内容

证券信用评级就是对证券发行人的信誉以及所发行的证券质量进行全面、综合和权威的评估。

国际最著名最具权威性的信用评级机构当属美国标准普尔公司和穆迪投资评级公司。

标准普尔公司把债券的评级定为四等十二级：AAA、AA、A、BBB、BB、B、CCC、CC、C、DDD、DD、D。为了更精确地反映出每个级别内部的细微差别，还可视情况不同，对每个级别加上"＋"或"－"符号，以示区别，进而形成几十个小的级别。

二、证券信用评级的功能

1. 信用评级降低投资风险
2. 信用评级降低筹资成本
3. 信用评级有利于规范交易与管理

第五章 证券投资的基本面分析

第一节 证券投资基本面分析概述

一、证券市场价格的主要影响因素

影响证券价格的因素有很多,主要包括以下几个方面:
(1)宏观因素;(2)产业和区域因素;(3)上市公司自身因素;(4)市场因素。

二、基本面分析的主要内容

(1)宏观经济分析。(2)行业分析。(3)上市公司情况分析。本章主要介绍前两部分的内容,即宏观因素与行业因素。上市公司分析作为独立的一章(第六章)介绍。

第二节 宏观经济分析

一、政治因素对证券市场的影响分析

政治因素分析主要包括:(1)国际政治形势;(2)政权;

(3) 法律制度。

二、宏观经济政策对证券市场的影响分析

(一) 财政政策对证券市场的影响分析

财政政策对证券市场的影响,主要通过以下几个途径。

1. 财政预算对证券市场的影响

财政预算的收支规模和平衡状态势必影响社会总供求的平衡,财政盈余或者财政赤字政策,会缩小和扩张社会总需求;财政预算的支出方向可以调节社会总供求结构,影响和改变国民经济现在和未来的经济结构。

2. 税收政策的调整

税收对证券市场的影响主要表现为:减税增加投资者收入,刺激投资和消费。投资拉高证券市场价格,消费推高商品价格,增加企业收入,这也反过来刺激投资、扩大生产规模,增加企业利润。减税提高其经营业绩,促使公司股票价格上涨。减税还会进一步减轻企业还本付息的负担,刺激债券价格的上升。

3. 国债的发行量及利率水平

国债与股票是相互竞争的金融资产,如果证券市场资金不变或增长有限,国债发行势必分流资金,制约股票的发行和交易量,甚至导致股价下跌。一般来说,政府发债,会导致债券价格下跌,因为债券市场和股票市场之间的联动效应,股票价格也会随之下跌。同时,国债发行导致社会货币流通量减少,总需求和产出的减小也会造成证券行市下滑。此外,较高的国债回报率会吸收大量的

社会游资,导致国债价格下跌和股价走低。反之,国债回报下降,国债价格上升,这又带动货币供给量的增加和证券行市的走高。

4. 综合财政政策对证券市场的影响

综合财政政策的影响是指政府在不同的经济形势下,分别采取财政收大于支、收小于支,或者收支基本平衡的政策对证券市场的影响。

扩张性财政政策会刺激经济增长,有利于证券市场价格上涨;紧缩性财政政策会抑制经济增长,证券市场价格会下跌。

(二) 货币政策对证券市场的影响分析

1. 货币政策的作用

货币政策对经济的调控是全方位的,其主要作用表现为:

(1) 调控货币供应量,保持社会总供给与总需求的平衡。

(2) 调控利率和货币供应量,控制通货通胀,保持物价总水平的稳定。

(3) 调节国民收入中消费与储蓄的比重。

(4) 引导消费向投资转移,实现资源合理配置。

2. 货币政策工具

货币政策工具是指中央银行为瞄准中介指标而采取的政策手段,它可以分为一般性政策工具和选择性政策工具两种。一般性政策工具指的是法定存款准备金率、再贴现政策、公开市场业务三种工具。它们的操作效应如下:

(1) 降低准备率,增加货币量,利率下降。提高准备率,减少货币量,利率上升。

(2) 降低贴现率,放松贴现条件,商业银行得到更多的资金,增加流通中的货币供给量,降低利息率。反则反是。

（3）买进债券，增加货币量，利率下降；卖出债券，减少货币量，利率上升。

3. 货币供应量对证券市场的影响

（1）货币供应量增加有利于上市公司业绩提高，反之则反是；

（2）货币供应量增加有利于社会游资的增加，反之则反是。

4. 利率变动对证券市场的影响

（1）利率调整造成证券投资价值的重估；

（2）利率调整激活证券投资交易。

5. 贷款倾斜政策对证券市场的影响

中央银行的货币政策通过贷款倾斜和实行总量控制，不仅控制经济总量，而且实现对结构的调整。

6. 综合货币政策对证券市场的影响

一般来说，经济衰退时，总需求不足，应采取宽松的货币政策，有利于证券市场价格上涨；而经济扩张时，总需求过大，则应采取紧缩的货币政策，有助于抑制证券市场价格上涨。

三、经济周期对证券市场的影响

宏观经济周期一般有四个阶段：萧条、复苏、繁荣、衰退。经济周期的不同阶段对证券市场的影响不同。一般而言，证券市场有以下表现。

（1）萧条时期：股市低迷、百业不兴、离场观望者多，"熊市"出现；

（2）复苏时期：公司业绩上升，投资者信心增加，部分投资者介入；

（3）繁荣时期：业绩上升较快，股价上升，人气旺盛，投资踊跃，"牛市"到来；

（4）衰退时期：很多投资者会因衰退的来临而抛出证券，这就造成整个证券市场的下行趋势。

四、主要经济指标对证券市场的影响

（一）国内生产总值对证券市场的影响

1. 持续、稳定、高速的经济增长

在国内生产总值持续、稳定、高速增长时，总需求与总供给协调增长，经济结构趋向合理平衡，经济增长为需求拉动，现有资源得到充分的运用，表明经济发展势头良好，证券价格将上升。

2. 失衡的经济增长

失衡的经济增长是指为了片面追求高增长，而采取了一系列过度的刺激，严重失衡的高速增长。总需求超过总供给，这是经济恶化的征兆，如不采取有效的调控措施，经济很可能陷入"滞胀"之中。失衡的经济增长必将导致证券市场下跌。

3. 宏观调控下的经济减速增长

当经济表现为失衡性高速增长时，政府为维持经济稳定增长，势必进行宏观调控，这就会降低经济增长速度。如果能顺利实现调控目标，经济增长仍能保持适当的速度，而不会负增长或低增长，这说明宏观调控有效，经济矛盾正在逐步改善，形成了稳定增长的有利条件，证券市场也将反映出这种态势而表现出平稳的上升。

4. 转折性的经济增长

如果国内生产总值经过一段时间的负增长,速度开始减缓,并出现向正增长转变的迹象,这表明经济环境正在好转,证券市场也将由下跌转为上升。当经济由低增长转向高增长时,表明经济结构得以调整,经济"瓶颈"得到疏通,新一轮高速增长已经来临,证券市场亦将快速上涨。

(二)通胀与通紧对证券市场的影响

1. 不同阶段的通胀的影响

通胀有早期、中期、晚期之分。早期的通胀发生在经济较为繁荣时期,带动证券市场交投两旺,证券价格处于"头部状态",投资者期望市场还能给予丰厚的回报,但这种回报的增幅已有递减。随着需求逐渐小于供给,处于头部的证券价格开始下跌,有些证券甚至下跌破位,投资者信心受挫,资金相应撤离。证券市场经过急剧下挫后,交易清淡,价格也一蹶不振,此时通胀已经处于晚期,经济恢复仍需一个较长时期,投资者对经济前景不乐观,证券价格将持续低迷。

2. 不同程度的通胀的影响

温和、稳定的通胀可以推动证券价格上升。严重的通胀则会造成证券价格大跌。

3. 不同程度通货紧缩的影响

在通紧初期,公众的消费和投资增加,带动证券市场兴旺。随着通紧的加剧,需求越来越下降,产业低迷,投资者可能损失惨重。

(三)国际收支状况对证券市场的影响

1. 贸易顺差与逆差的影响

如果一国保持国际贸易顺差,则该国国民生产总值能有明显的增长,公众的收入相应也有较大的提高,证券市场的价格也稳步上扬。如果一个国家长时期贸易赤字,外汇储备必然相应减少,用外汇购买进口原料、设备和技术的能力逐渐低落,经济增长速度下降。整个国民经济状况都会受贸易逆差的影响而不景气,证券市场的表现也令人失望。

2. 国际收支顺差的影响

一般来说,国际收支顺差比逆差好,但长期大规模的顺差也不是好事。一国应根据本国外汇储备和企业产出情况及时调整国际收支,而不该片面强调国际收支顺差。国际收支平衡则能在货币数量和企业收益稳定的基础上,实现证券市场运行的稳定。

(四)汇率变动对证券市场的影响

一般来讲,一个国家经济越开放、证券市场的国际化程度越高,证券市场受汇率的影响越大,反之则小。如果外汇汇率上升,本币贬值,本国的产品竞争力强,出口企业将受益,该类企业的股票和债券价格将上升;相反,依赖于进口的企业成本将增加,利润下降,证券价格也下跌;外汇汇率上升,资本外流,本国证券价格下降;外汇汇率上升,为维持汇率稳定,政府可能动用外汇储备,抛售外汇,减少本币供给,证券市场价格下跌,直到汇率恢复稳定;反之,外汇汇率下降,政府买进外汇,增加货币供给,又推高证券价格。

第三节 行 业 分 析

一、我国证券市场的行业划分

按不同标准,行业划分的方法有很多种:按发展前景可分为朝阳产业(IT行业、生命科学产业)、夕阳产业(如煤炭行业);按行业发展与经济周期关系可分为成长型(通信行业)、周期型(高档消费品)、防御型(消费类行业)、成长周期型(房地业);按技术的先进程度可分为新兴产业和传统产业;按集约化程度可分为资本密集型、技术密集型、劳动密集型、知识密集型和资源密集型。

二、行业分析的基本内容

行业分析主要包括以下几个方面的内容:

1. 行业的生命周期分析
行业的生命周期主要包括如下几个阶段:
(1)初创阶段;(2)成长阶段;(3)成熟阶段;(4)衰退阶段。

2. 行业的商业周期影响度分析
观察经济的周期性波动对不同行业的影响程度,要区分其是周期型行业,还是稳定型行业或是增长型行业。
(1)增长型行业的增长与经济的周期无关;
(2)周期型行业的波动与经济周期直接相关;
(3)防御型行业的产品需求相对稳定,基本不受经济周期波动的影响。

3. 行业的市场类型与竞争程度分析
根据竞争和垄断程度可以将市场分为四种类型:
(1)完全竞争的市场;
(2)垄断竞争(不完全竞争)市场;
(3)寡头垄断市场;
(4)完全垄断市场。

三、行业投资的选择

选择行业最重要的是正确预测所观察行业的未来业绩。这需要投资者了解两个问题：一是该行业的增长历史；二是其未来增长的趋势。

判断行业性质一般有以下方式：

(1) 判断某行业是否是周期型行业,需要观察该行业销售额在同一时期与国内生产总值是否同方向变化。如果在繁荣时,该行业的销售额也逐年增长；在经济衰退时,销售额也同步下降,说明该行业很可能是周期型行业。

(2) 判断某行业是否是增长型行业,需要观察该行业的年增长率与国内生产总值的年增长率的关系。如果在大多数年份中,该行业的年增长率都高于国民经济综合指标的年增长率,说明该行业很可能是增长型行业。

(3) 判断某行业是否是防卫型行业,需要观察在经济周期中,其销售额与国民生产总值的关系,如果在繁荣期,该行业增长相对较慢,而萧条期,则表现比较平稳,这就属于防卫性行业。

第六章 公司上市条件和上市公司情况分析

第一节 公司上市概述

一、股票上市的概念

股票上市是指已经发行的股票经证券交易所批准后,在交易所公开挂牌交易的法律行为,它是连接股票发行和股票交易的桥梁。

二、上市公司的概念

上市公司则是指依法公开发行股票,并在获得证券交易所审查批准后,其股票在证券交易所上市交易的股份有限公司。

三、公司上市的意义

公司之所以要上市,就是因为上市之后,该公司可以获得以下益处:
(1) 形成良好的独立经营机制。相对非上市公司来说,上市公司具有较为独立的自主经营权。
(2) 形成良好的股本扩充机制。

(3) 形成良好的市场评价机制。
(4) 形成良好的公众监督机制。

第二节 公司上市的条件

一、主板、中小板和创业板的定义

"主板"是相对于创业板而言的,一般指上市标准最高、信息披露最好、透明度最强、监管体制最完善的全国性证券交易大市场,主要适于规模较大、基础较好、已进入成熟期和扩张期阶段,且占有一定市场份额的收益高、风险低的蓝筹公司。

"中小板"是相对于主板市场而言的,它是流通盘大约一亿股以下的中小企业板块。因为有些企业的条件达不到主板上市的要求,所以只能在中小板市场上市。

"创业板"是地位仅次于主板市场的二板证券市场,以美国NASDAQ市场为代表,在中国特指深圳创业板。"创业板"的上市门槛、监管制度、信息披露、交易者条件、风险投资等方面和主板市场有较大区别。

二、股份有限公司公开发行股票需要具备的条件

根据我国《证券法》第十三条的规定,公司公开发行新股,应当符合下列条件:
(1) 具备健全且运行良好的组织机构;
(2) 具有持续盈利能力,财务状况良好;
(3) 最近三年财务会计文件无虚假记载,无其他重大违法事项;
(4) 经国务院批准的国务院证券监督管理机构规定的其他条件。

三、股票上市需要具备的条件

根据我国《证券法》第五十条的规定,股份有限公司申请股票上市,应当符合下列条件:

(1) 股票经国务院证券监督管理机构核准已公开发行;
(2) 公司股本总额不少于人民币三千万元;
(3) 公开发行的股份达到公司股份总数的百分之二十五以上;公司股本总额超过人民币四亿元的,公开发行股份的比例为百分之十以上;
(4) 公司最近三年无重大违法行为,财务会计报告无虚假记载。

四、主板、中小板、创业板上市条件的主要区别

表6-1总结了主板、中小板和创业板的上市条件。

表6-1 主板、中小板、创业板上市条件主要区别一览表

市 场	创 业 板	主板、中小板
经营时间	持续经营3年以上	持续经营3年以上
财务要求	最近两年连续盈利,最近两年净利润累计超过1 000万元,且持续增长	最近3个会计年度净利润均为正数且累计超过3 000万元
	或者最近一年盈利,且净利润不少于500万元,最近一年营业收入不少于5 000万元,最近两年营业收入增长率均不低于30%	最近3个会计年度经营活动产生的现金流量净额累计超过5 000万元,或者最近3个会计年度营业收入累计超过3亿元
	最近一期末不存在未弥补亏损	最近一期末不存在未弥补亏损
	最近一期末净资产不少于2 000万元	最近一期末无形资产占净资产的比例不高于20%

续 表

市 场	创 业 板	主板、中小板
股本要求	发行后的股本总额不少于3 000万元	发行前股本总额不少于3 000万元,发行后的股本总额不少于5 000万元
业务经营	应当主要经营一种业务	具有完整的业务体系,直接面向市场独立经营的能力
公司管理	最近两年主营业务、董事和高级管理人员没有重大变动,实际控制人没有变更	最近3年主营业务、董事和高级管理人员无重大变动,实际控制人没有变更
	具有完善的公司治理结构,依法建立健全股东大会、董事会、监事会以及独立董事、董事会秘书、审计委员会制度,相关机构和人员能够依法履行职责	董事会下设战略、审计、薪酬委员会,各委员会至少指定一名独立董事会成员担任委员
		至少三分之一的董事会成员为独立董事

五、B股上市条件

要注意以募集方式设立公司时,发行境内上市外资股(B股)和已设立的股份有限公司增加资本,申请发行B股时以及境内上市外资股公司增资发行B股上市条件的区别。

六、暂停上市与终止上市

根据我国《证券法》第五十五条规定,上市公司有下列情形之一的,由证券交易所决定暂停其股票上市交易:

(1) 公司股本总额、股权分布等发生变化,不再具备上市条件;

（2）公司不按照规定公开其财务状况，或者对财务会计报告作虚假记载，可能误导投资者；

（3）公司有重大违法行为；

（4）公司最近三年连续亏损；

（5）证券交易所上市规则规定的其他情形。

根据我国《证券法》第五十六条规定，上市公司有下列情形之一的，由证券交易所决定终止其股票上市交易：

（1）公司股本总额、股权分布等发生变化不再具备上市条件，在证券交易所规定的期限内仍不能达到上市条件；

（2）公司不按照规定公开其财务状况，或者对财务会计报告作虚假记载，且拒绝纠正；

（3）公司最近三年连续亏损，在其后一个年度内未能恢复盈利；

（4）公司解散或者被宣告破产；

（5）证券交易所上市规则规定的其他情形。

第三节　上市公司情况分析

一、公司基本素质分析

1. 企业的管理水平

（1）企业管理经营效益分析；

（2）各层次管理人员的素质和能力分析；

（3）企业人事管理效率和企业文化分析。

2. 市场开拓能力和市场占有率

3. 企业的技术水平

4. 资本与规模收益

5. 项目储备和新品开发

二、上市公司的财务分析

1. 上市公司会计信息披露的内容

一般情况下,上市公司的会计信息披露包括如下一些内容:
(1)数量性信息;(2)非数量性信息;(3)期后事项信息;(4)公司分部业务的信息;(5)其他有关信息。

2. 上市公司财务状况分析的方法

(1)差额分析法:也称绝对分析法,就是以数字之间的差额进行分析,它通过分析财务报表中有关科目的绝对值大小差额,来研判上市公司的财务状况和经营成果。

(2)比率分析法:就是以同一期财务报表上若干重要会计科目之间的相关数据,用比率来反映它们之间的关系,并评价公司的经营活动,以及公司目前和历史状况的一种方法。

(3)比较分析法:也称趋势分析法,它是通过对财务报表中各类相关数字进行比较,尤其是将一个时期的财务报表与另一个或者另几个时期的财务报表相比较,以判断一个公司的财务状况和经营业绩的演变趋势,及其在同行业中地位的变化情况,主要包括纵向比较、横向比较以及标准比较等方法。

三、上市公司财务状况分析的指标运用

反映上市公司资本结构的指标,主要有资产负债率、资本化比率、固定资产净值率、资本固定化比率等。

(1)资产负债率。

$$资产负债率 = 负债合计 \div 资产总计$$

该指标值越低,表明公司负债经营程度低,偿债压力小,利用财务杠杆进行融资的空间就越大,公司总体抗风险能力愈强。一般来说,负债经营规模应控制在合理水平内,该指标以 50% 左右为宜。

(2) 资本化比率。

资本化比率 = 长期负债合计 ÷ (长期负债合计 + 所有者权益合计)

该指标值越小,表明公司负债的资本化程度越低,长期偿债压力越小;反之,则表明公司负债的资本程度高,长期偿债压力大。

(3) 固定资产净值率。

固定资产净值率 = 固定资产净值 ÷ 固定资产原值

该指标越大,表明公司的经营条件越好;反之,则表明公司固定资产较旧,需投资进行维护或更新,经营条件相对较差。

(4) 资本固定化比率。

资本固定化比率 = (资产总计 - 流动资产合计) ÷ 所有者权益合计

该指标值越低,表明公司自有资本用于长期资产的数额越少;反之,则表明公司自有资本用于长期资产的数额相对较多,公司日常经营所需资金靠借款筹集。

2. 偿债能力分析

偿债能力分析包括短期偿债能力和长期偿债能力两个内容的分析。

(1) 短期偿债能力分析。

衡量上市公司短期偿债能力的主要指标是:流动比率、速动比率、现金比率、现金对流动负债的比率、应收账款周转率、存货周转率等。

① 流动比率。该指标反映流动资产与流动负债的比率关系,

其计算公式为

$$流动比率 = 流动资产 \div 流动负债$$

一般情况下,这项指标较高为好,但不能太高,否则无从体现公司的经营效益。根据国际经验,一般这项指标在 2.0 左右为宜。

② 速动比率。该指标是判定企业短期偿债能力高低的重要工具,而且适用于评价流动资产总体的变现能力,它的计算公式是

速动比率 =(现金+短期有价证券+应收账款净额)÷流动负债
　　　　=(流动资产-存货-待摊费用-预付贷款)
　　　　÷流动负债

因为速动比率中的速动资产主要是由现金、短期有价证券、应收账款等项目组成,而不包括存货在内。一般认为这项比率为 1.0 比较合适。

③ 现金比率。该指标反映各类现金资产对流动资产的比率,其计算公式为

$$现金比率 = 现金及其等价物 \div 流动资产$$

其中现金资产,即现金及其等价物,一般认为现金比率越高越好,表示了现金类资产在流动资产中所占的比重也就越大,变现损失的风险也就越小,并且不必等待太长的时间。根据经验,这项比率为 0.1 左右较为合适。

④ 现金对流动负债的比率。

现金对流动负债的比率简称现金负债比率,它的计算公式为

$$现金负债比率 = 现金及其等价物 \div 流动负债$$

就使用货币偿还流动负债的观点而言,现金对流动负债比率具有补充现金比率的功能,但也因为过于严格而较少使用,在实践操作中很难确定一个准确的数值。

⑤ 应收账款周转率。

应收账款周转率＝赊销净额÷应收账款平均余额

应收账款周转率指标说明了在会计年度内应收账款转化为现金的平均次数,比率越高,表明企业收款速度越快、坏账损失越少、偿债能力越强,同时也弥补了流动比率和速动比率的不足,体现了应收有效性(应收项目转化为现金时是否发生坏账损失)。

⑥ 存货周转率。

存货周转率＝营业成本÷存货平均余额

这个指标同应收账款周转率比较类似,反映存货资产的有效性和周转速度,可以弥补流动比率和速动比率的不足。一般情况下,存货周转率越高越好,因为这样说明企业平均存货量就降低了,存货资产变现的风险也就小了,资本利用的效率就提高了。

(2) 长期偿债能力。

一般情况下,衡量企业长期偿债能力的指标有以下几项。

① 股东权益比率。

股东权益比率＝股东权益总额÷资产总额

一般来说,股东权益比率大比较好,因为所有者出资不存在像负债一样到期还本的压力,不至于陷入债务危机,但也不能一概而论。

② 长期负债比率。

长期负债比率＝长期负债÷资产总额

一般来看,对长期负债比率的分析要把握以下两点:首先,与流动负债相比,长期负债比较稳定,要在将来若干会计年度后才偿还,所以公司不会面临过大的流动性不足的风险,短期内偿债压力不大;其次,如果长期负债比率过高,必然意味着股东权益比率较低,公司的资本结构风险较大,稳定性较差,在经济衰退时期会给公司带来额外的风险。

③ 股东权益与固定资产比率。

股东权益与固定资产比率＝股东权益总额÷固定资产总额

该比例越大,说明资本结构越稳定,即使长期负债到期也不必变卖固定资产等来偿还,这是持续稳定经营的必要条件。

④ 利息支付倍数。

利息支付倍数＝税息前利润÷利息费用

一般情况下,这个倍数越大,越表明企业有充足的偿付利息能力。

3. 经营能力分析

衡量企业经营能力的指标主要有以下几项。

① 现金周转率。

现金周转率＝经营收入÷现金及其等价物

一般来说,这个比率高,显示现金可以更有效地使用,但也意味着现金调度将比较困难；这个比例低说明企业现金没有充分利用,但充裕的现金却可以应付可能的各种风险,因此很难为企业制定一个所谓最佳现金保存量的比率,企业在经营的实践中逐步体会到两者之间的矛盾,并寻求适当的比例。

② 应收账款周转天数或应收账款周转率。

应收账款周转天数＝360÷应收账款周转率

企业应收账款的周转率越高,平均收账期越短,说明应收账款的回收管理效率越高,否则企业的营运资金会过多地呆滞在应收账款上,影响资金的正常运转。

③ 存货周转天数或存货周转率。

该指标反映在流动资产中,存货所占的比重。如果较大,存货的流动性将直接影响企业的流动比例。而存货资产的管理效率一般采用周转率或周转天数两项指标来衡量。

④ 营业周期。

营业周期＝存货周转天数＋应收账款周转天数

这项指标反映的是将期末存货全部变为现金所需的时间。一般来说,营业周期越短,说明企业资金周转速度越快,企业的各方面管理效率都比较高。

⑤ 总资产周转率。

总资产周转率＝销售收入÷资产总额

总资产的周转速度越快,反映企业经营能力越强。企业可以通过薄利多销的办法,加速资产的周转,促使利润增加。

4. 获利能力分析

(1) 主营业务利润率。

主营业务利润率＝主营业务利润÷主营业务成本

主营业务利润是主营业务收入与主营业务成本之间的差额,通常投资者希望主营业务收入越大越好,而成本则越低越好。

(2) 销售净利率。

销售净利率＝净利÷销售收入

该指标反映每一元销售收入带来的净利润,反映销售收入的收益水平。净利额与销售净利率成正比,而销售收入额与销售净利率成反比。企业在增加销售收入的同时,必须相应获得更多的净利润,才能使销售净利润保持不变或有所提高。

(3) 资产收益率。

$$资产收益率 = 净利润 / 平均资产总额$$

指标越高,表明资产的利用效率越高,也说明企业在增加收入和节约资金使用等方面取得的效果越好;否则则相反。

(4) 市盈率。

$$市盈率 = 每股市价 \div 每股收益$$

它是市场对公司共同期望的指标,市盈率越高,表明市场对公司的未来越是看好,所以,发展前景较好的企业,市盈率也就越高,反之则反是。

5. 现金流量分析

公司的现金流量主要发生在经营活动领域、投资活动领域和筹资活动领域。

(1) 经营性现金流量状况分析。

① 主营收入含金量指标。

$$主营收入含金量 = 销售商品或者提供劳务的现金收入 \div 主营业务收入$$

如果这个指标大于或者等于1,说明企业的产品适销对路、市场需求旺盛,当期的业务收入基本能够做到"满回笼"甚至"超回笼",反之,则说明企业有相当一部分资金不能及时到账。

② 收益指数指标。

$$收益指数 = 经营活动产生的现金流量 \div 净利润$$

这个指标若与企业的"每股收益"结合使用,效果更好,因其能够反映企业利润的真实来源,从而杜绝企业通过增加非正常的账面收益、应收收益,调节利润的情况。

③ 现金对债务的保障程度指标。

该指标又称偿债保障指标,其公式为

偿债保障比率＝经营活动产生的现金流量÷负债总额

该指标反映了企业使用每年经营性活动现金流入偿还所有债务的能力,该比例越高,企业承担债务的能力也越强,对债务偿还的保障程度也越高。

④ 每股现金流量指标。

每股现金流量＝经营活动产生的现金流量÷加权股本总额

一般情况,这项指标应当大于每股收益,这样企业报告期内产生的现金流量才足以支付当期的现金股利,并可进行适当的资本运作。相反,如每股现金流量低于每股收益,哪怕收益增长再快,企业进行高速股本扩张时,就会由于缺乏相匹配的现金流量支持,而面临相当大的发展风险。

(2) 投资活动的现金流量状况分析。

此分析需要注意下面四个方面。第一,处于不同行业和不同发展阶段的企业,投资活动产生现金流动呈现不同的特点。第二,一般情况下,投资活动产生的现金流入量都较小,较大的流入仅限于收回大的投资或者处置部分固定资产,而这样的现金流入又往往具有偶发性、不可重复性,说得严重些无异于"杀鸡取卵"。第三,一些企业在经营业绩不甚理想时,为减少亏损或者勉强使净资产收益率达到配股资格线,常常通过增加巨额投资收益来调节利润,从而使得这部分的现金流量极不正常。第四,报告使用者还可以通过对投资部分现金流出的种类进行分析,了解企业投资的内容——以直接投资为主(购建固定资产、无形资产),或者以间接投资为主(债权投资或股权投资),从而判断企业今后的发展方向。

(3) 筹资活动的现金流量状况分析。

与投资活动相似,企业筹资活动的现金流转也因企业的不同而不尽一致：处于初创期、高速发展期的企业，需要大量的资金发展壮大，有大量的现金流入；处于成熟期甚至衰退期的企业，一般不进行大规模的筹资活动，而开始偿还贷款以及发放各种现金股息，这时的现金流转为以流出为主。

6. 其他重要指标分析

（1）每股净资产。

每股净资产也称为"每股账面价值"或者"每股权益"，其计算公式为

$$每股净资产 = 净资产 \div 普通股股数$$

这项指标在理论上反映了股票的最低投资价值，如果公司的股票价格低于净资产，说明公司已经没有了存在的价值，清算是股东最好的选择。

（2）净资产收益率。

净资产收益率也叫净值报酬或者权益报酬率。其计算公式为

$$净资产收益率 = 净利润 \div 平均净资产$$

这项指标反映公司所有者权益的投资报酬率，具有很强的综合性。

（3）市净率。

市净率是将每股净资产与股票市价联系起来分析的指标，即：每股市价÷每股净资产，可以说明市场对公司资产质量的评价。一般情况下，市价高于账面价值时企业资产的质量较好，有较大的发展潜力，反之则反是。

（4）每股收益。

每股收益指标反映在一个会计年度内平均每股普通股票所得的盈利，它的计算公式为

每股收益＝(净利润 — 优先股股利)
　　　　　÷(发行在外的普通股的平均股票数)

四、上市公司财务状况分析的缺陷

上市公司财务状况分析具有下列缺陷：
（1）财务报告的信息不完备性；
（2）财务报表中非货币信息的缺陷；
（3）财务报告分期性的缺陷；
（4）历史成本数据的局限性；
（5）会计方法的局限性。

第七章 证券投资的技术指标应用

第一节 证券投资技术分析与基本面分析的关系

一、证券投资技术分析基本概念

证券投资技术分析采用绘制各类图表并进行数量分析,从而得出某种结论,借以揭示证券大盘走势或某个股的演变轨迹,提示人们警觉,采取相应措施,或者从图表中看出机构大户、庄家主力的操作意图,做到知己知彼,运筹于数据图表之中,以期决胜在不见硝烟的市场上。

证券技术分析的特点是从市场自身规律出发,预测证券价格的变动趋势。

二、技术分析的基本要素

1. 技术分析的四大要素

技术分析的基本因素是市场行为中的价格、成交量、时间和空间。价格,这是技术分析的基本要素,也是起点与终点。在对证券价格走势进行分析时,应密切关注交易量的变化,许多技术分析方法都须以交易量作为判断价格趋势的必要条件。市场交易总是占用一定的时间,包括年、月、周、日、时和分的走势分析。市场价格振幅是技术分析的空间要素,投资者渴望能预测价格涨跌的深度即空间。

2. 成交量对股价走势的影响

俗语称:价为量先,通常的意思就是说成交量一般先于股价变化。股价如果要上涨,没有成交量的配合,上涨很难持续下去。成交量的变化可分为三种情况:平量、放量、缩量。而股价走势本身也可以分为三种情形:横盘、上涨、下跌。所以,所谓的量和价的关系就是量的三种情况和价的三种情况的排列组合,即平量横盘、放量横盘、缩量横盘、平量上涨、放量上涨……等等。关于价和量的趋势,一般说来,量是价的先行者。量增时,价迟早会跟上来;价升而量不增时,价迟早会掉下来。

3. 技术分析与基本面分析的优点与局限

(1) 技术分析的优点。

技术分析使用的工具随手可见,它简单实用又易于普及推广。技术分析经长期实践修正,具有相当的稳定性和明显的规律性,不会因使用者不同而变化。

(2) 技术分析的局限性。

技术分析相对滞后于行情的发展,由此得出的买卖信号存在超前或滞后的可能,无法指导人们长期投资。技术分析有可能出现"骗线"现象。技术分析不是百宝全书,它无法指出每次行情波动的上下限。

(3) 基本面分析的优点。

首先是信息数据的稳定性;其次是资料分析的综合性。人们只有严格按要求搜集信息,认真分析,才能获得相对全面有效的结论以指导投资实践。

(4) 基本面分析的局限性。

首先是信息成本相对较高;其次是信息的时滞效应;再次是对投资者素质要求较高。

第二节 K 线 理 论

1. K线指标的绘制

把每个交易日某个证券的开盘价、收盘价、最高价、最低价的所有变动情况全部记录下来,然后,按一定的要求绘成图表。因绘制的图形像常见的蜡烛,所以K线图也称蜡烛图形。

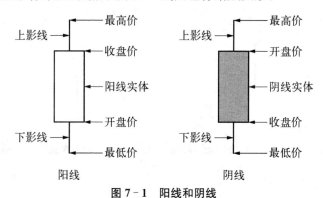

图 7-1 阳线和阴线

2. K线的主要形状

(1) 光头光脚的阳线。如图 7-2 所示。
(2) 光头光脚的阴线。如图 7-3 所示。
(3) 仅有上影线的光脚阳线。如图 7-4 所示。
(4) 带有下影线的光头阳线。如图 7-5 所示。
(5) 带上影线的光脚阴线。如图 7-6 所示。
(6) 带下影线的光头阴线。如图 7-7 所示。

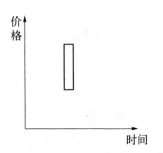
图 7-2 光头光脚的阳线

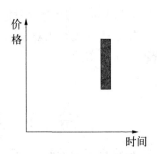
图 7-3 光头光脚的阴线

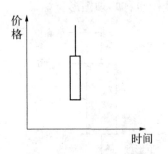
图 7-4 仅有上影线的光脚阳线

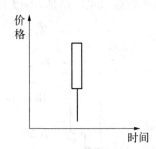
图 7-5 带有下影线的光头阳线

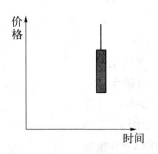
图 7-6 带上影线的光脚阴线

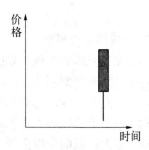
图 7-7 带下影线的光头阴线

(7) 带有上下影线的阳线或阴线。如图 7-8 所示。
(8) 十字星 K 线图。如图 7-9 所示。

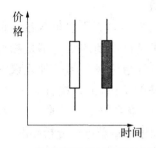
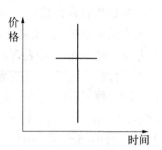

图 7-8 带有上下影线的阳线或阴线　　图 7-9 十字星 K 线图

(9) T 型或倒 T 型 K 线图。如图 7-10 所示。
(10) 一字型 K 线图。如图 7-11 所示。

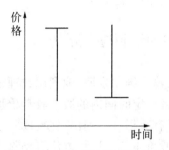
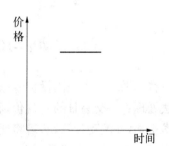

图 7-10 T 型或倒 T 型 K 线图　　图 7-11 一字型 K 线图

3. K 线图的组合应用与分析

任何证券的交易中都会形成一个完整的 K 线图,该图可以作为投资者的重要的决策参考。K 线组合的应用情况往往比较复杂,仅仅根据某日 K 线图无法正确地做出判断,因为多空双方很可能处于搏杀的相持阶段,也就是所谓牛皮盘整时期。这时就需要将连续若干天的 K 线图联系结合起来分析,从中做出某种判断。这种 K 线图的组合分析十分有效和科学,它可以使人们更加全面和正确地看到证券交易的发展趋势。

4. K 线组合应用应注意的问题

无论是单根 K 线,还是两根、三根 K 线乃至多根 K 线,都是多空双方争斗的一个具体表现,各种组合得到的结论都是相对的。对具体进行股票买卖的投资者而言,结论只是起一种建议作用。有时应用一种组合得到明天会下跌的结论,但是次日股价没有下跌,相反却上涨了。这个时候的一个重要原则是尽量使用根数多的 K 线组合的结论,将新的 K 线加进来重新进行分析判断。一般说来,多根 K 线组合得到的结果不大容易与事实相反。

第三节 均线分析

一、移动平均线的绘制与分析

移动平均线由美国投资专家葛兰维尔发明,他利用数理统计方法处理每一交易日的收盘价,将一定时间内的股票收盘价加以算术平均,并滚动计算,然后将所有数据一一列出,连接成一条起伏不定的趋势线,用以观察分析股价走势。这种方法可剔除交易中出现的偶然性因素,使连线尽可能地钝化圆滑,帮助分析人员对股价中长期预测作出正确的判断。

移动均线具有惯性和助涨或助跌的特点,有时会频繁发出买卖信号,使投资者无所适从。

移动平均线的变化是判断市场走势的重要指标。如移动平均线逐渐上升,表示收盘价底部逐渐抬高,股价、短期移动均值、中期移动均值、长期移动均值依次呈由上往下的排列,即多头排列。而当多头市场出现逆转时,短期移动均线首先向下翻空,如果空方力量不足,中长期移动平均线将不会翻转。如股价、短期移动均线、中期移动均线、长期移动均线都由下而上依次排列,就是空头排列。而当空头市场出现逆转,短期移动均线也首先向上翻转,同样,多头力量不足,中长期移动均线也难以翻转。

二、移动平均线的基本分析与葛兰维尔八大法则

美国投资专家葛兰维尔对股价与均线之间的关系有细致独到的分析,他归纳出八大法则。

(1)均线从下降轨迹变为平坦转而呈上升趋势,而股价此时从均线下方突破并交叉向上,见图7-12,此信号即是买入信号,其前提是此时均线定要抬头向上。图中实线为均线,虚线为股价线,下同。

(2)均线稳步上升,股价跌至均线下方,但又即刻回升到均线上方,也是买入信号。这说明市场仍处于涨势之中,见图7-13。

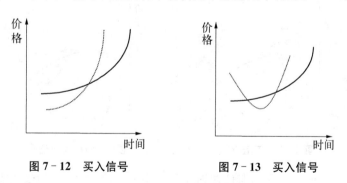

图7-12 买入信号　　　　图7-13 买入信号

(3)股价曲线在均线之上,股价下跌,但在均线附近上方遇到支撑而掉头,未跌破均线而反转上升,那么,可大胆买入。见图7-14。

(4)均线下降股价暴跌,并穿破均线,差距拉大远离均线,则

有反弹上升回复到均线附近的趋势,人们可大但买入。见图7-15。

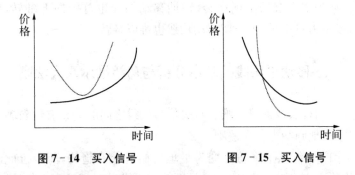

图 7-14 买入信号　　图 7-15 买入信号

(5) 均线由上升渐渐转平稳,并继续呈低头下滑迹象,而股价从均线上方跌破均线向下,这是应该卖出的信号,见图 7-16。

(6) 均线下行,股价在均线之下突然上涨,窜到均线上方,又很快回落到均线之下,这时投资者应坚决卖出。见图 7-17。

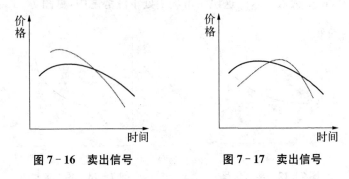

图 7-16 卖出信号　　图 7-17 卖出信号

(7) 均线下行,股价在均线下方,回升到均线附近,但受压力线影响未能突破而掉头向下,这明显也是一个卖出信号。见图7-18。

(8) 均线上升或平行,股价出现快速向上局面,远离均线,很有可能回落,因为获利盘回吐,风险较大,可谓高处不胜寒,此时卖出是明智的。见图 7-19。

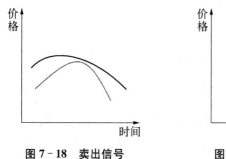

图 7-18 卖出信号　　　　图 7-19 卖出信号

第四节 切线理论

一、趋势分析

（一）趋势的定义

简单地说，趋势就是股票价格市场运动的方向。

趋势的方向有三个：上升方向；下降方向；水平方向，也就是无趋势方向，如图 7-20 所示。

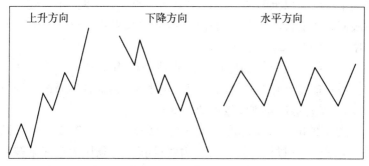

图 7-20 趋势的三个方向

(二) 趋势的类型

按道氏理论的分类,趋势分为三种类型。

1. 主要趋势

主要趋势是股价波动的大方向,一般持续的时间较长。

2. 次要趋势

趋势不会直来直去,总有局部的调整和回撤,次要趋势就是主要趋势过程中进行的调整。

3. 短暂趋势

短暂趋势是在次要趋势中进行的调整。短暂趋势与次要趋势的关系就如同次要趋势与主要趋势的关系一样。这三种趋势类型最大的区别是时间的长短和波动幅度的大小。

二、支撑线、压力线

将两个或两个以上的相对低点连成一条直线,即得到支撑线,将两个或两个以上的相对高点连成一条直线,即得到压力线。支撑线起阻止股价继续下跌的作用;压力线起阻止股价继续上升的作用。如图 7-21 所示。

支撑线和压力线的作用是阻止或暂时阻止股价的趋势性运动。股价的变动是有趋势的,要维持这种趋势,保持原来的变动方向,就必须冲破阻止其继续向前的障碍。

支撑线和压力线是可以相互转化的。一条支撑线如果被跌破,那么这一支撑线将转变为压力线;同理,一条压力线如果被突破,这条压力线将转变为支撑线。支撑线和压力线的地位不是一

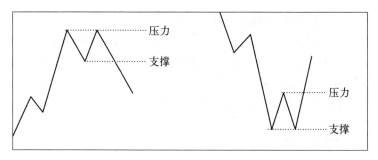

图 7-21 支撑线和压力线

成不变的,而是可以改变的,条件是它被有效的、足够强大的股价变动突破。

三、趋势线和轨道线

(一)趋势线

在上升行情中,将两个低点连成一条直线,就得到上升趋势线。在下降行情中,将两个高点连成一条直线,就得到下降趋势线。通过趋势线的方向可以明确地判断出股价的走势。上升趋势线是支撑线的一种,下降趋势线是压力线的一种。如图 7-22 所示。

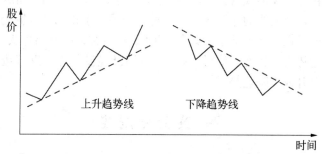

图 7-22 上升趋势线和下降趋势线

一般来说,趋势线的作用如下:

(1) 趋势线会起到支撑和压力的作用。趋势线形成后,对股价以后的走势起约束作用,使股价沿着这条趋势线的上方(上升趋势线)或下方(下降趋势线)运行。

(2) 趋势线被突破后,就说明股价下一步的走势将要反转。

(二) 轨道线

轨道线又称通道线或管道线,是基于趋势线的一种方法。在画出趋势线后,通过第一个峰或谷作出与这条趋势线平行的直线,这条平行线就是轨道线。如图7-23中的虚线。

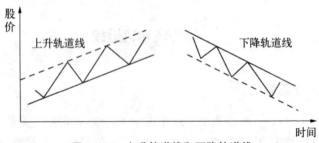

图7-23 上升轨道线和下降轨道线

两条平行线组成一个轨道,这就是常说的上升或下降轨道。一个轨道一经形成,将使股价在这个通道中波动,限制股价在通道内运行是轨道线的作用之一。轨道线的另一个作用是预警趋势转向。如果在一次波动中未触及轨道线,离得很远就开始掉头,这往往是趋势将要转变的信号,这说明市场已经没有力量继续维持原有的上升或下降趋势了。

四、黄金分割线

黄金分割线是利用黄金分割比率进行的切线画法,在行情发生转势后,无论是止跌转升或止升转跌,以近期走势中重要的高点和低点之间的涨跌额作为计量的基数,将原涨跌幅按 0.191、0.382、0.5、0.618、0.809 分割为 5 个黄金点。股价在反转后的走势将可能在这些黄金分割点上遇到暂时的阻力或支撑。其中,黄金分割线中运用最经典的数字为 0.382、0.618,极易产生压力与支撑。

当股价上涨,脱离低档,其上升的速度与持久性,依照黄金分割律,它的涨势会在上涨幅度接近或达到 0.382 与 0.618 时发生变化。也就是说,当上升接近或超越 38.2% 或 61.8% 时,就会出现反压,有反转下跌而结束一段上升行情的可能。

黄金分割律除了固定的 0.382 与 0.618 是上涨幅度的反压点外,其间也有一半的反压点,即 0.382 的一半 0.191 也是重要的依据。因此,当上升行情展开时,要预测股价上升的能力与可能反转的价位时,可将前股价行情下跌的最低点乘以 0.191、0.382、0.618、0.809 与 1,作为可能上升的幅度的预测。当股价上涨幅度越过 1 倍时,其反压点则以 1.191、1.382、1.681、1.809 和 2 倍进行计算得出。依此类推。

第五节 形态理论

一、持续整理形态

(一) 三角形态

三角形态是持续整理形态中的一种。在这一形态中,价格基本横向波动、且波幅越来越小,其间至少需要有四个局部的反转点,由两条边线的方向则可划分为:对称三角形、上升三角形、下降三角形。

1. 对称三角形

对称三角形情况大多发生在一个大趋势进行的途中,它是原有趋势的暂时休整阶段,之后一般还会沿着原趋势运行。图7-24是对称三角形的一个简化的图形。

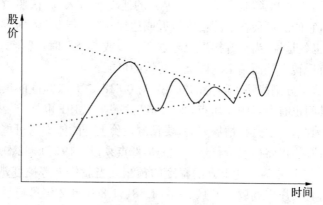

图7-24 对称三角形

2. 上升直角三角形

将对称三角形变形即可得到上升三角形。对称三角形上面的直线逐渐由向下倾斜变成水平方向就得到上升直角三角形,见图7-25。

3. 下降直角三角形

下降直角三角形与上升直角三角形正好反向,是看跌的形态。它的基本内容同上升直角三角形可以说完全相似,只是方向相反。如图7-26所示。

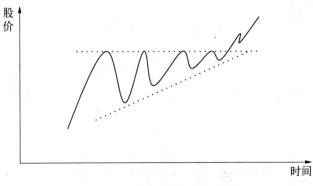

图 7-25 上升直角三角形

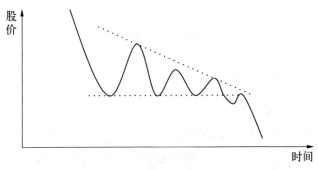

图 7-26 下降直角三角形

(二) 矩形

矩形也是一种典型的整理形态。股价在两条水平线之间波动,作横向延伸的运动。见图 7-27。

矩形被突破后,形态高度就是矩形的高度。矩形会为投资者提供一些短线操作的机会。如果在矩形形态的下界买入股票,上界卖出股票,短期收益还是比较可观的。

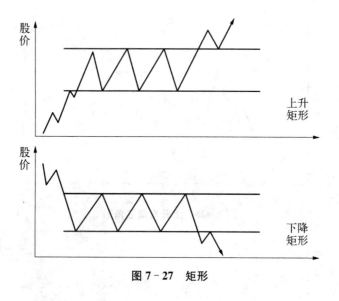

图 7-27 矩形

(三)喇叭形、菱形

1. 喇叭形

喇叭形也叫扩大形或增大形,因为形态酷似一支喇叭,因而得名。这种形状其实也可以看成是一个对称三角形倒转过来的结果,所以我们可以把它看作是三角形的一个变形体。图 7-28 是

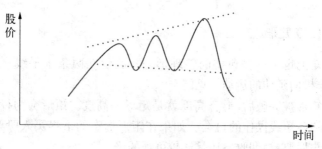

图 7-28 喇叭形

喇叭形的图形表示。

出现几个高点和几个低点是喇叭形已经形成的标志。在第三峰调头向下时投资者最好抛出手中的股票。

2. 菱形

菱形前半部分类似于喇叭形,后半部分类似于对称三角形。所以,菱形有对称三角形保持原有趋势的特性。前半部分的喇叭形之后,趋势应该是下跌的,后半部分的对称三角形使跌势暂时推迟,但终究仍会下跌。如图7-29所示。

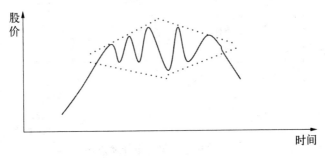

图7-29 菱形

菱形以菱形的最宽处的高度为形态高度。今后下跌的深度从突破点算起,至少下跌一个形态高度,这与大多数形态的测算方式是相同的。

(四) 旗形和楔形

1. 旗形

从图形上看,旗形类似于平行四边形,它的形状是一上倾或下倾的平行四边形。如图7-30所示。

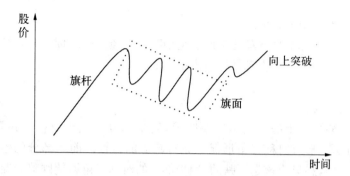

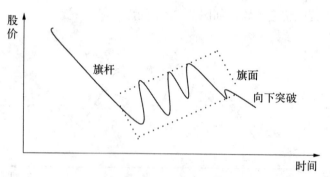

图 7-30 上升旗形和下降旗形

2. 楔形

如果将旗形中上倾或下倾的平行四边形变成上倾和下倾的三角形,就会得到楔形。如图 7-31 所示。

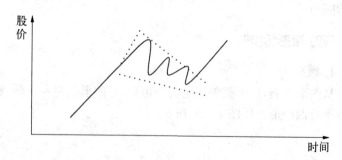

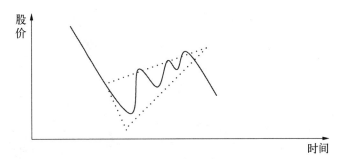

图 7-31 上升楔形和下降楔形

二、反转突破形态

反转突破形态主要包括双重顶(底)、三重顶(底)、头肩顶(底)和圆弧顶(底)等形态。

(一)双重顶和双重底

双重顶和双重底就是人们常说的 M 头和 W 底,这种形态在实际中出现频繁。如图 7-32。

M 头一旦得到确认,就可以用它对后市进行预测了。从突破点算起,股价将至少要跌到与形态高度相等的距离。所谓的形态高度就是从 M 或 N 到 E 的垂直距离,亦即从顶点到颈线的垂直距离。

对于双重底(W 底),基本思路与 M 头类似,只要将对 M 头的介绍反过来叙述就可以了。

(二)头肩顶和头肩底

头肩顶和头肩底是实际股价形态中出现得最多的形态,是最著名和最可靠的反转突破形态。如图 7-33 和 7-34。

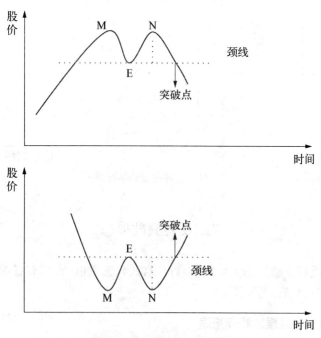

图 7-32 双重顶和双重底

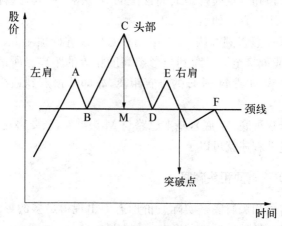

图 7-33 头肩顶

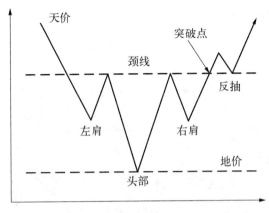

图 7-34 头肩底

图 7-33 中从 C 点向下到 M 点的箭头长度,就是头肩顶形态的形态高度。股价预计的跌幅就是这个形态高度。

头肩顶形态完成后,向下突破颈线时,成交量不一定扩大,但日后继续下跌时,成交量会放大。头肩底向上突破颈线,若没有较大的成交量出现,可靠性将降低,或者会再跌回底部整理一段时间,积蓄买方力量才能上升。

(三) 三重顶和三重底形态

三重顶和三重底形态是头肩形态的一种变体,它是由三个近似高度的顶点或三个近似高度的低点构成。

图 7-35 是三重顶和三重底的简单图形。三重顶(底)的颈线差不多是水平的,三个顶(底)高度近似。

(四) 圆弧形态

圆弧形在现实行情中出现的机会较少,但是一旦出现就是绝好的机会。与前面介绍的几种形态不同,它的反转深度和高度是

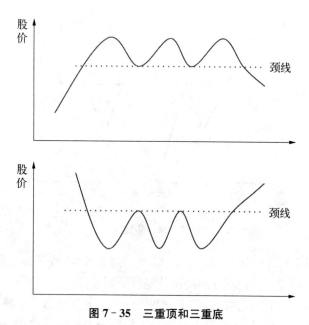

图7-35 三重顶和三重底

不可测的,往往给投资者带来很多意想不到的收获。

识别圆弧形态时,成交量也是很重要的。圆弧顶(底)在形成过程中,成交量都是两头多,中间少。越靠近顶部(底部)时成交量越少,到达顶(底)时成交量达到最少(圆弧底在达到底部时,成交量可能突然放大一下,之后又恢复正常)。突破圆弧边缘后,成交量都比较大。

(五) V形和倒V形态

V形和倒V形是一种反转形态,它们往往出现在市场行情剧烈波动的时候。V形(倒V形)的顶部(底部)只出现一次,这一点不同于其他反转形态。V形(倒V形)的反转事先一般没有明显的征兆,投资者只能通过其他的分析方法得到一些不是十分明确的信号,如已经到了支撑、压力区等。

第六节 其他技术指标的应用分析

一、乖离率指标

公式中 BIAS 表示为乖离率指标,是以百分比表示的相对指标。

$$BIAS=(C-MA)/MA$$

C 表示为当日收盘价。

MA 表示以一定基期日为标准的移动均价。

经验表明,人们以基期 10 天(两周交易日)为分析基础,当乖离率为 5%时,可认为是进入了超买区,即为卖出信号;反之,该数据值为负 4.5%时,可认为进入了超卖区域,为买入时机。

利用乖离率分析还可以结合股价曲线的背离现象作判断。如股价创出新高,而乖离率的高点却在下移,这也是一个获利回吐的信号,提示人们卖出。

二、平滑异同移动平均线

平滑异同移动平均线(MACD)是运用快速(短期均线)与慢速(长期均线)两条移动平均线的离差情况来分析和判断买进与卖出时机的技术指标。其基本原理是利用这种离差情况(DIF)的数日平均计算离差平均值(DEA),经过双重平滑运算,较为正确地判断买卖信号。

运用 MACD 进行行情预测分析,可从两方面展开:

从 DIF 和 DEA 的所得数据中分析,如两者均为正值,可认为是上升行情信号,尤其在 DIF 向上突破 DEA,把握较大;如 DIF 往下跌破 DEA,可认为是一种回档,即卖出信号。如两者均为负值,可认为是下跌行情信号,尤其是在 DIF 向下突破 DEA,更是给出了卖出信号,而 DIF 向上突破 DEA 只能视为反弹。如两者走势与股价背离,则应引起关注,这是股价将要反转的信号。

三、相对强弱指标

相对强弱指标(RSI)是主要通过一段时间内的平均收盘涨数和平均收盘跌数来分析衡量市场中买卖双方力量对比的数值指标。

相对强弱指标计算方法:先求出相对强度值(RS)指标值,公式为

RS=N 日内收盘价涨幅平均值/N 日内收盘价跌幅平均值

求出 RS 值以后,就可以计算 RSI 指标:

$$RSI=100-100/(1+RS)$$

RSI 以基期日内涨幅与跌幅数据之间的对比来分析研判,如 RSI 值为 50,说明多空双方势均力敌,旗鼓相当。如 RSI 值大于 50,表示多方力量强于空方,买方需求旺盛。反之,如 RSI 值小于 50,说明股票供过于求,股价滑落,出现超卖现象。RSI 数值越高,其获利回吐的压力也越大,RSI 数值越小,其反弹可能性和力度也就越大。如果 RSI 进入超买区域大于 80,行情仍有可能继续上升,反之,RSI 跌入超卖区域小于 20,行情也仍有可能继续向下寻找支撑,在底部匍匐爬行。

四、随机指标

随机指标(KDJ)也称 KD 线预测法,主要通过研究最近数日

的最高价、最低价与现时收盘价的价格波幅,推算出行情涨跌的强弱势头和超买、超卖现象,从而找出买点与卖点。

K 值在 80 以上,D 值在 70 以上为超买的一般标准。

K 值在 20 以下,D 值在 30 以下为超卖的一般标准。

K 线发生倾斜度趋于平缓时,是一信号,应提防随时发生行情反转。

K 值由小到大超过 D 值时,表明当前是一种向上涨升的大趋势,K 值此时应从下往上突破 D 值,KD 交叉是买入信号。反之,当 K 值由大到小低于 D 值时,表明目前趋势基本向下,所以 K 线从上向下跌破 D 线是卖出信号。

五、威廉指标

威廉指标(WMS%或%R)与随机指数的概念类似,也表示当日的收市价格在过去的一定时间内全部价格范围中的相对位置。把这段时间内的最高价减去当日收市价,再把其差价除以这段日子的全部价格范围就得出当日威廉指标数据。

以 10 日威廉指标为例,其计算方法为

$$威廉指标 = \frac{H_T - C_t}{H_T - L_T} \times 100$$

式中: H_T 表示 T 日内最高价;

L_T 表示 T 日内最低价;

C_t 表示第 t 日收盘价。

%R 数值与 KD 数值一样是介于 0—100 之间,当%R 值=50 时表示多空力量均衡,%R 值大于 50,进入下跌行情,%R 值小于 50,则进入上升行情。当%R 值在 0%—20%之间时,表示市场处于超卖状态,行情趋势即将见底,反之,%R 值在 80%—100%之间时,则表明市场处于超买状态,行情即将见顶。当%R值由下向上穿破中轴50%时,或由上向下跌破中轴50%时,基本可认定市场涨势或跌势,投资者可择机买卖。当%R值进入超买或超卖区域,并非表示行情一定会发生变化,其数据也仅是一种预测。一般来说,%R值买入信号处于上升趋势中才更灵验,而%R值卖出信号则处于下降通道时才更有效。

第八章　金融衍生商品交易分析

第一节　期 货 交 易

一、期货交易概述

1. 期货交易概念的界定

期货商品交易双方通过签订合约的方式,把商品与货币的相互换位推至未来某一日期。期货交易以规范的合约形式操作,因此,也称为期货合约买卖。期货合约是由交易所统一制定,规定在未来某一特定时期,双方各自向对方承诺交收一定数量和质量的特定商品或金融商品的协议书,具有法律效应。

可以选为期货合约标的物的商品。一般需要具有四个特征:(1)价格波幅较大,弹性系数高;(2)市场需求较大,便以形成足够的交易量;(3)质量稳定,便于分级;(4)易于仓储和运输,否则交割时损耗无法承受。

按交易标的物的不同,期货可分为商品期货和金融期货。我国商品期货交易所现有三家,分别在上海、大连和郑州。

2. 期货的功能

期货商品一般有:(1)套期保值;(2)投机;(3)价格发现三大功能。

二、国债期货交易

1. 国债期货的特点

国债期货具有下列特点:
(1) 国债期货交易实行保证金交易(亦称杠杆交易);
(2) 国债期货交易的成交与交割是不同步的;
(3) 国债期货交易发生实物交割的比例很低;
(4) 国债期货交易风险较大;
(5) 国债期货是交易所内交易。

2. 国债期货合约的内容

国债期货交易是场内交易,除了价格外,其他一切都是交易所制定好的,国债期货合约就是一份标准化的合约。一份标准化的合约一般含有如下内容:
(1) 合约标的;(2) 报价方式;(3) 合约月份;(4) 最小变动价位;(5) 涨跌幅限制;(6) 最低保证金;(7) 可交割国债;(8) 最后交易日和最后交割日。

3. 国债期货与国债现货的比较

(1) 交易形式不同;(2) 交易目的不同;(3) 所有权不同;(4) 安全程序不同;(5) 交易量限制不同;(6) 杠杆力度不同。

三、股票指数期货交易

1. 股指期货的特点

股指期货具有如下特征:
(1) 股指期货的交易对象是股价指数,而不是实物商品;

(2) 股指期货采用的是现金交割,不是实物(股票)交割;

(3) 股指期货是保证金交易,其"以小博大"的杠杆作用把收益和风险一起放大了;

(4) 股指期货针对的是某一股市指数,合约价格只与该指数的高低有关,与该股市指数的点数成正比。

2. 股指期货合约的内容

下面我们以沪深 300 股指期货合约为例来介绍股指期货合约所包括的内容(见表 8-1)。

表 8-1　沪深 300 股指期货合约

合约标的	沪深 300 指数
合约乘数	每点 300 元
报价单位	指数点
最小变动价位	0.2 点
合约月份	当月、下月及随后两个季月
交易时间	9:15—11:30,13:00—15:15
最后交易日交易时间	9:15—11:30,13:00—15:00
每日价格最大波动限制	上一个交易日结算价的±10%
最低交易保证金	合约价值的 8%
最后交易日	合约到期月份的第三个周五 (遇法定假日顺延)
交割日期	同最后交易日
交割方式	现金交割
交易代码	IF
上市交易所	中国金融期货交易所

资料来源:中国金融期货交易所。

第二节 证券期权交易

一、期权交易的种类

期权是期货交易的一种选择权,它表示人们可在特定的时间,以特定的价格交易某种一定数量商品的权利,期权交易就是某种权利的交易。

期权的种类比较丰富,一般有以下几种分类的方式:

(1) 按照合约授予期权持有人权利的类别可以划分为看涨期权和看跌期权。

看涨期权是指期权赋予持有人在到期日或到期日之前,以固定价格购买标的资产的权利。其授予权利的特征是"购买"。看跌期权是指期权赋予持有人在到期日或到期日前,以固定价格出售标的资产的权利。其授予权利的特征是"出售"。

期权还有买方和卖方,从而形成四种基本的期权交易形式,即:买入看涨期权、卖出看涨期权、买入看跌期权和卖出看跌期权,分别见图 8-1 和图 8-2。

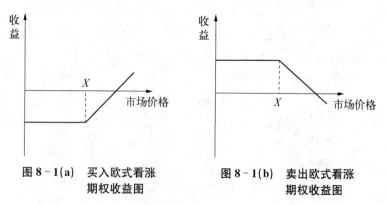

图 8-1(a) 买入欧式看涨期权收益图　　图 8-1(b) 卖出欧式看涨期权收益图

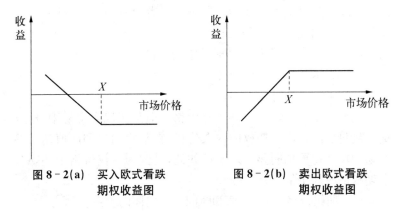

图 8-2(a) 买入欧式看跌期权收益图　　图 8-2(b) 卖出欧式看跌期权收益图

图中,X 为标的资产的协定价格。

(2) 按照期权执行时间可以划分为欧式期权和美式期权。

美式期权是指期权的购买方可以在该期权到期日或到期日之前的任何时间执行合约;对于欧式期权,期权的购买方只能在到期日执行合约。

另外还有一种百慕大期权,买方行权期限既非到期日,也不是到期日之前的所有时间,而是到期日前的某段时间。

(3) 按照期权合约的标的资产划分,期权可以分为现货期权、期货期权和期权的期权。

(4) 按照期权的应用范围,可以分为实物期权和金融期权。

(5) 按照交易场所分为场内期权和场外期权。

二、期权价格的构成及期权与期货交易的比较

1. 期权价格的构成

期权价格主要由内在价值和时间价值组成。

(1) 期权的内在价值。

期权的内在价值是指当期权立即执行时投资者获取的回报,以

欧式期权为例,看涨期权的内在价值可以表示为 $\max(S_T - X, 0)$,看跌期权的内在价值为:$\max(X - S_T, 0)$。

式中:S_T 表示标的资产到期时的市场价格;

X 表示期权的协定价格。

(2) 期权的时间价值。

期权价格主要取决于其内在价格。但是在现实交易中,期权的市场价格经常高于期权的内在价格,在平价期权和虚值期权的交易中体现得更加明显。之所以如此,是因为期权价格中还隐含着期权的时间价值。

(3) 期权价格、内在价值和时间价值之间的关系。

虚值期权和平价期权的价格就是时间价值,实值期权的价值则包含了内在价值和时间价值,如图 8-3 所示。

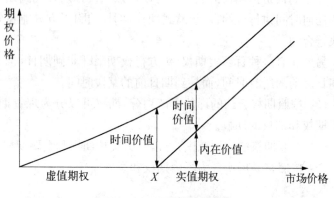

图 8-3 看涨期权的价格

2. 期权交易与期货交易的区别

期权和期货虽然都是金融衍生工具,但有如下几点区别:

(1) 期货交易不能像期权交易那样,依据客户需求量体定做;

(2) 期权交易与期货交易双方的权利义务不同;

(3) 期权交易与期货交易双方承担的风险是不同的。

期权交易是在期货交易基础上发展演变的,期权的包容量大于期货,期权的标的物甚至囊括期货合约和期权自身。

三、期权交易的案例分析

本书配套主教材《证券投资分析》(第四版)中共给出 12 道期权交易的例题,下面主要分析其中的几道题目。

教材前 3 道例题都是关于看涨期权的,这里对例 3 作具体分析。

例 3 解析:(1) 对于看涨期权,买方在标的资产市场价格大于协定价格时选择执行权利。

(2) 如果当时投资者用 4 000 元买股票,当股票价格涨到 50 元时,投资者卖出股票,投资者的收益为:$(50-40) \times 100 = 1\,000$ 元,投资收益率为 $1\,000/4\,000 = 25\%$。

(3) 如果当初投资者用 4 000 元购买期权合约,可以买 $4\,000/(2 \times 100) = 20$ 个(每个期权合约代表一百个期权基数,期权合约价格是以单个基数为标价的)期权合约。当股票涨到 50 元时,买方执行权利,获利为:$(50-40-2) \times 100 \times 20 = 12\,000$,其投资收益率为:$12\,000/4\,000 = 300\%$。

例 4 解析:

(1) 对于看跌期权,买方在标的资产市场价格小于协定价格时选择执行权利。

(2) 当股票价格下跌到 25 元时,期权买方执行权利,投资者的收益为:$(30-25-2) \times 100 = 300$ 元。

(3) 当股票价格上升到 32 元时,期权买方放弃执行权利,投资者损失 200 元期权费,但股价上涨 2 元给投资者带来 200 收益,与其亏损正好持平。股价超过 32 元时,投资者手中股票的盈利(扣除 200 元期权费)大于 0。

(4) 对于看跌期权的卖方,买方的盈利就是他的亏损。因此,股价 25 元时,卖方亏损为:(25－30＋2)×100＝－300 元。当股价涨到 32 元时,买方弃权,卖方的收益为 200 元的期权费。

(5) 对于买卖双方来说,不盈不亏的价位是 28 元,也就是市场价格等于协定价格减去期权费时,对买卖双方来说都是不盈不亏的。股价越低于 28 元,买方盈利越大,卖方的亏损也越大。股价超过协定价 30 元时,卖方赚取 200 元的期权费。买方可以通过股价的上升弥补其期权费的亏损。

例 5 和例 6 都是双向期权的案例。所谓双向期权就是投资者同时买卖两份或两份以上的同品种或不同品种的期权合约以相互配合,进一步降低风险,所以又称套做期权。

例 6 解析:(1) 计算这样的题目可以先求看跌期权买卖双方的盈亏平衡点,即用看跌期权的协定价减去期权费,本例题中为 24 元(28－4＝24)。

(2) 股价如果为 24 元,看涨期权执行结果(24－20)×100－300＝100 元盈利。看跌期权执行结果:(28－24)×100－400＝0。

(3) 如果股价低于 20 元(看涨期权的协定价),看涨期权的买方弃权,投资者损失 300 元期权费。看跌期权的买方执行权利,盈利大于 400 元[(28－20)×100－400＝400],总的盈利水平大于 100。股价越低于 20 元,看跌期权盈利越大,投资者盈利越大于 100 元。

(4) 如果股价高于 28 元(看跌期权的协定价),看跌期权的买方弃权,投资者损失 400 元期权费。看涨期权的买方执行权利,盈利大于 500 元[(28－20)×100－300＝500],总的盈利水平大于 100。股价越高于 28 元,投资者盈利越大于 100 元。

(5) 股价在 20—28 元之间时,投资者的盈利固定为 100 元。

例 7 和例 8 是有关垂直期权的案例。所谓垂直期权是将合约

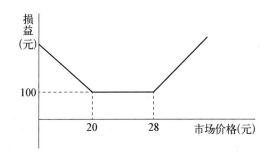

图 8-4 例 6 解图

到期日一致,但协定价格不同的期权合约结合起来操作。

例 7 解析:(1)本题目的特点是投资者买入看涨期权(协定价格 20 元)的同时,又卖出一份同品种、但协定价格(15 元)不同、到期日相同的看跌期权。

(2)投资者买卖两份期权合约总成本为 2.5×100(买入期权的成本)−2×100(卖出期权的收入)=50 元。

(3)如果股价波动在两份合约的协定价之间,投资者损失 50 元,因为股价在 15—20 元之间时,两个期权买方都弃权。

(4)一旦股价超过 20 元,看涨期权买方执行权利,看跌期权买方弃权,投资者获得期权费 200 元。股价等于 20.5 元时,投资者盈亏平衡(20.5×100−20×100−2.5×100+200=0)。股价超过 20.50 元,投资者开始盈利,股价越高,盈利越多。

(5)如果股价跌入 15 元,看涨期权买方弃权,看跌期权买方执行权利,投资者损失亏损超过 50 元。此例理论上的最大亏损为 (0−15)×100−2.5×100+2×100=−1 550 元。

例 10 是底部对敲的案例,投资者买入一份看涨期权和一份看跌期权,两份合约到期日、协定价格和标的物完全相同,投资者最大的亏损就是两份期权合约期权费的和。

例 11 是顶部对敲的案例,投资者卖出一份看涨期权和一份看跌期权,两份合约到期日、协定价格和标的物完全相同,投资者最大的盈利就是两份期权合约期权费的和。

例12解析:(1)投资者买入两份合约的成本为 $3.5 \times 100 + 3 \times 100 = 650$ 元。

(2)对于买入看涨期权,盈亏平衡点是 88.50 元($85 + 3.5 = 88.5$)。

(3)对于买入看跌期权,盈亏平衡点是 67 元($70 - 3 = 67$)。

(4)两份期权同时执行时,盈亏平衡点是 63.5 元和 91.5 元。因为当价位为 63.5 元时,看涨期权买方弃权,损失 350 元期权费,看跌期权买方执行权利,盈利情况为:$(70 - 63.5 - 3) \times 100 = 350$ 元,盈利正好弥补看涨期权期权费的损失。价位越是低于 63.5 元,投资者盈利越大。当价位为 91.5 元时,看跌期权买方弃权,损失 300 元期权费,看涨期权买方执行权力,盈利情况为:$(91.5 - 85 - 3.5) \times 100 = 300$ 元,盈利正好弥补看跌期权期权费的损失。价位越是高于 91.5 元,投资者盈利越大。

(5)股价在 63.5—70 或 85—91.5 之间,投资者损失在 0—650 元之间。

第三节 权　　证

一、权证的基本概念及包含的要素

权证是指基础证券发行人或其以外的第三方发行的,约定持有人在规定期间内或指定到期日,有权按约定价格向发行人购买或出售标的证券,或以现金结算方式收取结算差价的有价证券。权证类似于期权,持有者可以行使权利,也可以放弃执行权利。

从权证的设计来看,包括以下要素:

（1）发行人；（2）到期日；（3）行权方式；（4）交割方式；（5）行权价格；（6）认购比率；（7）行权期间；（8）杠杆比率。

二、权证的分类

（1）以发行人为标准，可以分为公司权证和备兑权证，两者的区别见表 8-2。

表 8-2 公司认购权证和备兑权证的区别

	公 司 权 证	备 兑 权 证
发行人	标的证券的发行人	标的证券发行人以外的第三方
发行目的	筹资	给投资者提供一种投资组合管理工具
到期备兑	持有者认购股票而备兑	发行者按约定条件向持有者出售规定的股票
认购对象	只能认购发行股本权证的上市公司的股票	可以一只股票，也可认购一组股票
行权结果	公司股本增加或权益稀释	不会增加公司股本或权益稀释

（2）按照规定的权利划分，权证可以分为认购权证和认沽权证。

（3）以行权方式为标准，分为欧式权证和美式权证。

（4）以结算方式为标准，可以分为实券给付结算型权证和现金结算型权证。

三、权证的价格及其影响因素

权证的价格也由它的内在价值和时间价值构成。认股权证的内在价值是指其标的股票价格与行权价格之差乘上换股比率，内在价值大于或等于零,不能小于零。权证的时间价值是指在权证有效期内,标的股票价格波动为权证持有者带来的潜在价值。

影响权证价值的主要因素有:

(1)标的资产价格;(2)权证执行价格;(3)权证有效期;(4)标的资产价格波动性;(5)无风险利率。

第九章　证券市场的监管

第一节　证券市场监管概述

一、证券市场监管的目的

证券市场的监管是指国家通过立法对证券市场业务和从事证券业的机构和个人进行的监督和管理。

证券市场监管的目的主要有：充分利用和发挥市场机制的积极作用，限制其消极影响；防止人为操纵市场，禁止证券欺诈等不法行为，增强投资者的信心，保护投资者的利益；引导居民储蓄转化为投资，促进经济发展和社会稳定。

二、证券投资监管的原则和方针

1. "三公"原则的内容

"三公"原则的具体内容包括：

(1) 公开原则，又称信息公开原则。

(2) 公平原则。证券市场的公平原则，要求证券发行、交易活动中的所有参与者都有平等的法律地位，各自的合法权益能够得到公平的保护。

(3) 公正原则。公正原则是针对证券监管机构的监管行为而言的,它要求证券监督管理部门在公开、公平原则的基础上,对一切被监管的对象给予公正待遇。公正原则是实现公开、公平原则的保证。

2. 发展证券市场的"八字"方针

所谓发展证券市场的"八字"方针就是"法制、监管、自律、规范"。八字方针中的法制强调的是立法,监管强调的是执法,自律强调的是守法和自我约束,规范强调的是证券市场需要达到的运作标准和运作状态,是证券市场运行机制和监管机制完善和成熟。

八字方针揭示了证券市场发展过程中各因素之间的相互关系,四个方面相辅相成,缺一不可。其中,法制是基础,监管和自律是手段,规范则是目的与核心。

三、证券投资监管的方式与手段

1. 证券市场监管的方式

(1) 行政性监督是一种最主要的管理监督方式,也是比较有力和有效的方式。

(2) 自律性管理监督主要指交易所、证券经营机构及证券行业协会等建立一套自律性规章制度。

(3) 公开性监督是指每个证券发行和上市公司,必须根据公开原则,公布所有需要的资料和信息。

(4) 社会公众监督是指投资者为了维护自己的合法权益,对证券发行和上市交易以及对发行公司、证券经营机构实行的监督。

2. 证券市场监管的手段

证券市场监管的手段主要有以下三种:

(1) 法律手段;(2) 经济手段;(3) 行政手段。

四、证券市场监管模式介绍

1. 国家集中统一监管模式
集中统一监管模式以美国、日本、韩国、新加坡等国家为代表。

2. 自律模式
自律模式以英国为代表。

3. 我国证券监管模式的现状
我国目前证券市场监管模式比较偏重于集中统一监管。

4. 各国证券市场监管的运作介绍
(1) 美国是集中立法管理体制的典型代表。
(2) 英国是自律管理的典型代表。
(3) 日本实行的是金融统一监管模式,金融监督局(FSA)既是证券监管机构也是金融监管机构。
(4) 德国对证券市场实行联邦政府制度和颁布证券法规相结合,各州政府负责实施监管与证券审批委员会和公职经纪人协会等自律管理相结合的管理体制。

第二节 证券市场监管的主要内容

一、对证券发行市场的监管

1. 实行证券发行审核制度
(1) 证券发行注册制度。
证券发行注册制度是指发行人在发行证券之前,首先必须按照法律规定申请注册,这其实是一种发行证券的公司的财务公布制度。

(2) 证券发行核准制度。

证券发行核准制度是指在规定证券发行的基本条件的同时,要求证券发行人将每笔证券发行报请主管机关批准。

(3) 我国证券发行的审核制度。

目前我国的审核制度与证券市场较为发达的国家有诸多不同,以至我国在相当长一段时间内,仍需将传统的计划、行政等手段运用于经济活动。

2. 实行证券发行信息披露制度

(1) 证券发行信息披露制度的意义。

有利于投资者了解发行公司的资信情况及其经营状况,并以此作出合理的投资判断;有利于防止发行公司转嫁债务风险、欺骗投资者行为的发生;有利于发行公司规范企业运作和管理机制,扩大公司影响、提高企业知名度;另外还可以防止公司权力的滥用,实现权力的制衡等。

(2) 证券发行信息披露内容。

一般可以分为:一般公开资料和财务会计资料两大类。

(3) 我国证券发行的信息披露规定。

以发行新股为例,根据《证券法》和《公司法》规定,公司公开发行股票必须向地方政府和中央政府主管部门以及中国证监会报送招股说明书等有关文件。

二、对证券交易市场的监管

1. 实行证券上市审核制度

2. 实行上市公司信息持续性披露制度
（1）上市公司信息披露的主要内容。

上市公司持续性信息披露的文件包括：定期报告文件、临时报告书，以及为执行证券交易所及时公开政策而公开的各类报告文件。定期报告包括年度报告、中期报告以及季度报告等，其中以年度报告最为重要。

（2）我国上市公司信息披露制度。

除了发行公告书和上市公告书之外，公司还需披露定期报告和临时报告；前者包括年度报告、中期报告和季度报告，后者包括重大事件公告和收购与合并公告等。

3. 信息披露存在的主要问题
（1）我国上市公司的临时信息披露还很不及时；
（2）信息披露未能完整详尽；
（3）信息披露未必真实准确；
（4）信息披露未能前后一致。

三、对证券交易所的监管

1. 对证券交易所的监管原则
（1）证券交易所的性质。

我国证券交易所是一个不以盈利为目的，为证券的集中和有组织交易提供场所、设施，履行国家有关法律、法规、规章规定的职责,实行自律管理的会员制事业单位,由中国证监会监督管理。

(2) 证券交易所必须对交易活动、会员活动和上市公司进行监管。

(3) 证券交易所的管理。

我国证券交易所是会员制的交易所。证券交易所设会员大会、理事会和专门委员会。其中,会员大会是最高权力机构,每年要召开一次大会;理事会是证券交易所的决策机构,由会员理事和非会员理事组成,前者由会员大会选举产生,后者由中国证监会委派。

四、对证券业从业人员的监管

根据国务院颁布的《证券业从业人员资格管理暂行规定》要求,实行证券业从业人员资格考试与注册制度的主要目的在于:

(1) 通过资格考试和注册认证制度。

(2) 通过资格考试制度和注册认证制度,提高从业人员业务水平和综合能力,从而使我国证券从业人员的总体素质达到较高水平。

(3) 通过加强从业人员的管理和提高从业人员的素质,促进我国证券市场的健康发展,保护投资者的合法权益。

五、对证券经营机构的监管

1. 证券经营机构设立的监管

国际上,证券经营机构设立的监管制度主要有两种,一种是以美国为代表的"注册制";另一种是以日本为代表的"特许制"。

2. 证券经营机构监管的相关制度

(1) 证券经营机构定期报告制度,是指通过证券主管机构对证券商所提供文件的审查、监管等活动,全面掌握证券经营机构的经营及财务状况,以确保后者安全营业、忠实履行业务。

(2) 证券经营机构的财务保障制度,是指以财务的适合性和资产保证来维护证券经营机构的信誉,防止因发生证券事故而损害投资者利益,并使受损害的投资者得以获得损失赔偿的一种制度。

(3) 证券经营机构的行为规范,依其不同类型而有所差异:自营商是自行买卖证券的经营机构,法律的资格限制最为严格。

(4) 证券经营机构的禁止制度,是指禁止不正当投资诱劝和过量交易,禁止自营业务与经纪业务混合操作等行为,从而避免证券商以双重身份从事交易,使自己处于利害冲突之中,以至牺牲投资者的合法利益。

(5) 证券经营机构的自律制度,是指政府借助证券业协会及证券交易所,对证券经营机构的行为进行行业约束和道德约束,以维护投资者利益,促进市场的公平、公正和竞争秩序的建立。

第三节 证券市场监管的处理

一、证券市场监管的法律规范

1. 我国证券监管的法律体系

(1) 国家法律:我国已颁布《中华人民共和国证券法》《中华人民共和国公司法》《中华人民共和国刑法》等。

(2) 行政法规:《股票发行与交易管理暂行条例》《中华人民共和国国库券条例》《企业债券管理条例》《国务院关于股份有限公司境内上市外资股的规定》《国务院关于股份有限公司境外募集股份

及上市的特别规定》等。

（3）部门规章：《股份有限公司境内上市外资股规定的实施细则》《禁止证券欺诈行为暂行办法》《证券交易所管理办法》《证券经营机构股票承销业务管理办法》《证券经营机构证券自营业务管理办法》《境内及境外证券经营机构从事外资股业务资格管理暂行办法》《证券业从业人员资格管理暂行办法》《公开发行股份公司信息披露的内容与格式》《证券市场禁入暂行办法》等。

2. 我国证券监管法律的主要内容

我国证券市场法律制度主要包括证券发行制度、信息披露制度、证券交易制度、证券机构管理制度、禁止证券欺诈行为制度和证券法律责任等内容。

二、证券市场违法违规行为的分类

1. 证券欺诈行为

证券欺诈行为是指在发行、交易、管理或者其他相关活动中发生的内幕交易、操纵市场、欺诈客户、虚假陈述等行为。

（1）内幕交易。

内幕人员和以不正当手段获取内幕消息的其他人员违反法律、法规的规定，以获取利益或者减少损失为目的，泄露内幕信息，根据内幕信息买卖证券或者向他人提供信息，买卖证券的行为，都是内幕交易。

（2）操纵市场。

操纵市场指以获取利益或者减少损失为目的，利用资金、信息等优势或者滥用职权，影响证券市场价格，制造证券市场假象，诱导投资者在不了解事实真相的情况下作出证券投资决定，扰乱证券市场秩序的行为。

(3) 欺诈客户。

欺诈客户指证券经营机构、证券登记、清算机构及证券发行人或者发行代理人等,在证券发行、交易及相关活动中,诱骗投资者买卖证券以及其他违背客户真实意愿、损害客户利益的行为。

(4) 虚假陈述。

虚假陈述指行为人对证券发行、交易及其相关活动的事实、性质、前景、法律等事项做出不实、严重误导或者有重大遗漏的陈述或者报道,致使投资者在不了解事实真相的情况下,做出证券投资决定的行为。

2. 其他违规行为

(1) 上市公司大股东做庄;
(2) 股改后的企业并购重组问题;
(3) 上市公司违规买卖本公司股票;
(4) 上市公司擅自改变募股资金用途;
(5) 银行资金违规入市。

三、证券市场违法违规行为的法律责任

1. 证券欺诈行为的法律责任

(1) 内幕交易。

对内幕交易行为要依法追究其法律责任,根据不同的情况,没收非法或取得款项和其他非法所得,并处以5万元以上50万元以下的罚款。对内幕人员泄露内幕信息的,还应当根据国家其他有关规定追究其责任。

(2) 操纵市场。

证券经营机构、证券交易所以及其他从事证券业务的机构,有操纵市场行为的,根据情况不同,单处或者并处警告、没收非法所

得、罚款、限制或者暂停其证券经营业务、其从事证券业务或者撤销其证券经营业务许可、其从事证券业务许可。

(3) 编造并传播证券虚假信息,诱骗投资者买卖证券。

对各类证券从业机构的欺诈客户行为,根据不同情况,应单处或者并处警告、没收非法所得、罚款、限制或者暂停其证券经营业务、其从事证券业务或者撤销其证券经营业务许可、其从事证券业务许可。

2. 一般违法行为的法律责任

(1) 擅自发行证券。

未经国家有关主管部门批准,擅自发行股票或者公司、企业债券,数额巨大、后果严重或者有其他严重情节的,处五年以下有期徒刑或者拘役,并处或者单处非法募集资金金额百分之一以上百分之五以下罚金。

(2) 伪造、变造股票。

依据《刑法》第一百七十九条的规定,伪造、变造股票数额较大的,处三年以下有期徒刑或者拘役,并处或者单处一万元以上十万元以下罚金;数额巨大的,处三年以上十年以下有期徒刑,并处二万元以上二十万元以下罚金。

(3) 其他。

第二部分

习题及解答

第一章　证券投资分析概述

一、名词解释

　　有价证券　强有效市场　证券组合分析法　技术分析法　波浪理论

二、填空题

1. 无价证券包括_____和_____。
2. 有价证券可以划分为以下三类，即_____、_____和_____。
3. 在_____中，证券价格充分反映了历史上一系列交易价格和交易量中所隐含的信息。
4. 根据市场对信息反映的强弱程度不同可以将有效市场分为：_____、半强有效市场和_____。
5. 按投资策略的理念划分，证券投资分析策略可以分为_____、积极型投资策略和_____策略。

三、单项选择题

1. 无价证券包括证据证券和（　　）。
   A. 凭证证券　　　　　　B. 资本证券
   C. 有价证券　　　　　　D. 货币证券

2. 提单、运货单、仓栈单等属于(　　)。
   A. 凭证证券　　　　　　　B. 无价证券
   C. 有价证券　　　　　　　D. 证据证券
3. (　　)是拥有对某种投资资本权益的凭证,如债券、股票、认股权证,及其他一些政府或法律规定的投资品的权益凭证等。
   A. 凭证证券　　　　　　　B. 资本证券
   C. 无价证券　　　　　　　D. 货币证券
4. 在(　　)中,证券价格能够反映所有公开信息,不仅包括证券价格序列信息,还包括有关公司价值、宏观经济形势和政策方面的信息。
   A. 弱有效市场　　　　　　B. 强有效市场
   C. 半强有效市场　　　　　D. 半弱有效市场
5. 下列(　　)不是技术分析的基本假设?
   A. 证券市场行为涵盖一切信息
   B. 证券的价格变动有一定的规律性
   C. 历史或市场会重演
   D. 证券的价格变动可能会有一定的规律性
6. 按投资策略(　　)可以将投资策略划分为战略型投资策略和战术型投资策略。
   A. 理念不同　　　　　　　B. 灵活性
   C. 适用期限　　　　　　　D. 投资品种

四、判断题

1. 无价证券能在市场上流通。　　　　　　　　　　　　(　　)
2. 有价证券与无价证券最为明显的区别是它的流通性。(　　)
3. 实现资本高效配置功能是证券市场功能之一。　　　(　　)
4. 有效市场假说理论把证券市场分为弱有效市场、半弱有效市场、强有效市场。　　　　　　　　　　　　　　　(　　)

5. 在半强有效市场中,证券价格总是能充分、及时地反映所有有关信息,包括全部公开的信息和内幕信息,任何投资者都无法通过对公开或内幕信息的分析来获取超额收益。（ ）
6. 证券投资技术分析中最基本、最核心的条件是证券市场行为涵盖一切信息。（ ）
7. 技术分析中,价格、成交量、时间和空间是进行分析的要素。
（ ）
8. 证券投资策略按投资决策的灵活性可划分为主动型投资策略和被动型投资策略。（ ）

五、问答题

1. 简述证券的含义及分类。
2. 简述证券投资分析的功能。
3. 简述证券投资中基本分析理论和技术分析理论的区别。
4. 简述技术分析的基本假设。
5. 证券投资分析的信息来源有哪些?

第二章 证券商品基本交易分析

一、名词解释

　　普通股　优先股　荷兰式招标　美国式招标　外国债券　欧洲债券　分级基金　内在价格

二、填空题

1. 股票与股份是_____和_____的关系。股票的持有人不会因为股票的遗失，_____就消失。

2. 在我国，股份公司最低注册资本额为人民币_____万元。

3. 优先股属于混合型股票，它同时具有_____和_____的某些特点。

4. H股是我国内地上市公司经证监会批准在_____挂牌上市交易的股票。

5. 按发行主体不同，债券主要分为_____、_____和_____。

6. 多种价格招标方式也称为_____招标；单一价格招标也称为_____招标。

7. 封闭式基金终止运行时，按照_____清盘归还所有者。

8. 根据分级母基金的投资性质,母基金可分为_____和_____。

9. QFII 是_____的首字母缩写。

10. 开放式基金募集期限自基金份额发售之日起不得超过_____。

11. 封闭式基金年度收益分配比例不得低于基金年度已实现收益的_____。

12. 按债券形态划分,债券可以分为实物券、_____和_____。

三、单项选择题

1. 股份有限公司发行的股票具有(　　)的特征。
   A. 提前偿还　　　　　　B. 无偿还期限
   C. 非盈利性　　　　　　D. 股东结构不可改变
2. 投资者购买股票的收益主要来自两方面:一是(　　);二是通过证券流通市场赚取买卖股票的差价。
   A. 股息和红利　　　　　B. 配股
   C. 资本利得　　　　　　D. 股份公司的盈利
3. 从收益分配的角度看,(　　)。
   A. 普通股优于优先股
   B. 公司债券在普通股之后
   C. 普通股在优先股之后
   D. 根据公司的情况,可自行决定
4. 根据(　　),把股票划分为普通股和优先股。
   A. 是否记载股东姓名　　B. 享有的权利不同
   C. 是否允许上市　　　　D. 票面是否标明金额

5. 下列( )不是普通股的特点?
   A. 经营参与权　　　　　　B. 优先认股权
   C. 剩余财产分配权　　　　D. 有限表决权

6. 根据我国证券法规定,投资者持有一个上市公司( ),应该在事发之日起3日内向中国证监会等有关部门报告。
   A. 已发股份的10%　　　　B. 总股份的5%
   C. 总股份的10%　　　　　D. 已发股份的5%

7. 下列( )是优先股的特点?
   A. 优先股的股息必须支付
   B. 公司的经营参与权
   C. 优先股可由公司赎回
   D. 优先股的清偿在债权人之前

8. 按照组织形式,投资基金可以分为( )和公司型基金。
   A. 封闭式基金　　　　　　B. 开放式基金
   C. 契约型基金　　　　　　D. 指数基金

9. 开放式基金的日常赎回从基金成立( )开始。
   A. 第2天　　　　　　　　B. 1个月后
   C. 3个月后　　　　　　　D. 6个月后

10. 开放式基金的日常赎回的款项,应该在( )日内向基金持有人划出。
    A. T　　　B. T+1　　　C. T+2　　　D. T+7

11. 下列( )不是指数基金的优点。
    A. 收益较高　　　　　　　B. 风险较小
    C. 监控管理工作简单　　　D. 延迟纳税

12. ( )是一种可以同时在场外市场进行基金份额申购或赎回,并通过份额转托管机制将场外市场与场内市场有机联系在一起的一种开放式基金。
    A. ETF　　　B. LOF　　　C. 分级基金　　　D. 指数基金

13. 同一基金管理人管理的全部基金持有一家公司发行的证券,不得超过该证券的( )。
    A. 5%　　　　B. 10%　　　　C. 20%　　　　D. 30%

四、判断题

1. 股票一经损毁或遗失,股东权利就随之消失。　　　　( )
2. 发行股票和债券的目的相同,都是为了追加资金。　　( )
3. 普通股的股息一般上不封顶,下不保底。　　　　　　( )
4. 优先股的股息是固定的,不随公司经营状况的好坏而调整,但到期不一定支付。　　　　　　　　　　　　　　　　( )
5. 优先股股东只有有限表决权。　　　　　　　　　　　( )
6. 欧洲债券就是在欧洲范围内发行的债券。　　　　　　( )
7. B股是以人民币标明面值,供国外投资者以人民币购买的股票。
   　　　　　　　　　　　　　　　　　　　　　　　　( )
8. 相对来说,指数基金管理费用较多。　　　　　　　　( )
9. 基金中基金持有其他单只基金,其市值不得超过基金资产净值的百分之十。　　　　　　　　　　　　　　　　　　( )
10. 国际流行的发行国债招标方式有划款期招标、收益率招标和价格招标等。　　　　　　　　　　　　　　　　　　　( )
11. 贴现债券不到期不支付利息。　　　　　　　　　　　( )
12. 根据投资对象不同,投资基金可分为股票基金、债券基金、期货基金、货币市场基金等。　　　　　　　　　　　　( )
13. 封闭式基金市场价格与其每单位资产净值存在必然的联系。
   　　　　　　　　　　　　　　　　　　　　　　　　( )

五、简答题

1. 试述股票的种类以及基本特征。
2. 简述优先股的基本特征。

3. 试述国际上债券发行招标的方式及各自的含义。
4. 按债券形态划分债券可以分为哪些种类？各是什么含义？
5. 试述开放式基金与封闭式基金的区别。
6. 股票与债券有何区别？

第三章　证券市场的运行

一、名词解释

　　证券发行市场　证券流通市场　前端收费　后端收费　融资交易　融券交易　会员制交易所　公司制交易所

二、填空题

1. 证券市场可以分为＿＿＿＿和＿＿＿＿两大部分。证券发行当事人有三方面，即＿＿＿＿、＿＿＿＿和＿＿＿＿。

2. 债券发行有＿＿＿＿、平价发行和＿＿＿＿等方式。

3. 证券交易所组织形式有＿＿＿＿交易所和＿＿＿＿交易所。我国上海和深圳证券交易所是＿＿＿＿。

4. 会员制交易所是实行＿＿＿＿的会员制事业法人。公司制交易所是以＿＿＿＿为目的的公司法人。

5. 场外交易市场价格通过＿＿＿＿确定，实际上也是＿＿＿＿，其特点表现为＿＿＿＿。

6. 证券商在交易所开设的账户通常称为＿＿＿＿；投资者在交易所开设的账户通常称为＿＿＿＿。

7. 上海证券交易所综合指数以＿＿＿＿＿＿＿＿＿＿为基期，采用＿＿＿＿＿＿＿＿，并采用＿＿＿＿＿＿＿＿为权数。上证 A 股基期日为＿＿＿＿＿＿＿＿＿＿。

8. 深证成分指数选用＿＿＿＿＿＿家股票为样本股，以＿＿＿＿＿为基期日，基期指数定为＿＿＿＿＿＿＿＿。

9. 证券的信用交易分为＿＿＿＿＿＿＿＿和＿＿＿＿＿＿。其中＿＿＿＿＿＿＿＿风险大于＿＿＿＿＿＿。

10. 股票交割通常采用以下几种方法，即当日交割、＿＿＿＿＿＿和＿＿＿＿＿＿＿＿＿。

11. 道·琼斯股指采用＿＿＿＿＿＿＿＿＿＿计算。

12. 债券交割按照交割日期的不同，可分为＿＿＿＿＿＿、普通日交割和＿＿＿＿＿＿＿三种。

三、单项选择题

1. 按照我国《证券法》规定，经纪类证券公司其注册资金不少于（　　）万元。
   A. 5 000　　B. 2 000　　C. 50 000　　D. 10 000

2. 按照我国《证券法》规定，综合类证券公司其注册资金不少于（　　）万元。
   A. 5 000　　B. 2 000　　C. 50 000　　D. 10 000

3. 某公司发行一债券，面值 1 000 元，票面利率 4%，期限 5 年，在即将发行时，同期市场利率上升到 5%，在此情况下此债券的发行价格应调整为（　　）元。
   A. 1 000　　B. 980　　C. 990　　D. 960

4. 下列（　　）不是场外市场交易的特点。

A. 时间固定 B. 佣金手续费低廉
C. 风险较大 D. 无场地限制

5. 报刊、杂志上经常引用的道·琼斯指数是指(　　)。

   A. 纽约证券交易所65家工业股指
   B. 纽约证券交易所65家综合股指
   C. 纽约证券交易所30种工业股指
   D. 纽约证券交易所20种运输股指

6. 香港恒生指数采用(　　)为样本股。

   A. 全部上市股票 B. 33家上市公司
   C. 40家上市公司 D. 20家上市公司

7. 股票交割通常有当日交割、次日交割和(　　)。

   A. T+0交割 B. T+1交割
   C. T+7交割 D. 例行交割

8. 下列(　　)是公司制交易所的优点。

   A. 收取的费用低
   B. 交易双方的经济压力小
   C. 容易得到政府的支持
   D. 交易较公正,交易所不偏袒任何一方

9. (　　)是指由各股票承销商或者投资者以投标方式相互竞争确定股票发行价格。

   A. 市盈率法 B. 竞价确定法
   C. 净资产倍率法 D. 竞标确定法

10. 下列(　　)是会员制交易所的缺点。

    A. 风险相对较大 B. 风险相对较小
    C. 收取的费用较低 D. 容易滋生过度投机

11. (　　)指的是在购买开放式基金时并不支付申购费,等到赎回时才支付的付费方式。

    A. 前端收费　B. 后端收费　C. 延期收费　D. 后付费

四、判断题

1. 上海证券交易所是公司制交易所。　　　　　　　（　）
2. 在场外市场交易的证券不仅可以是已经在交易所上市交易的证券,还可以是还未在交易所上市的各类证券。　（　）
3. 一般来说,期限长的债券流动性差,风险相对较小,利率肯定高些。　　　　　　　　　　　　　　　　（　）
4. 场外交易市场是一个分散的无形市场,没有固定的交易场所,没有统一的交易时间,但有统一的交易章程。　（　）
5. 会员制交易所容易受利益驱使,交易所成员不断增多,增加管理的难度。　　　　　　　　　　　　　　（　）
6. 公司制交易所的优点是收取的各种费用低和交易双方的经济压力相对较小。　　　　　　　　　　　　（　）
7. 例行交割就是在 T+3 日进行交割。　　　　　　（　）
8. 信用交易有利有弊。　　　　　　　　　　　　　（　）
9. 美国的 S&P500 指数采用算数平均法计算。　　　（　）
10. 信用交易中融券风险大于融资风险。　　　　　　（　）

五、计算题

1. 某公司发行债券,面值为 1 000 元,票面利率 4.8%,发行期限为 3 年。在即将发行之际,市场利率下调为 4%,问此公司应该如何调整其债券发行价格?
2. 某公司发行债券,面值为 1 000 元,票面利率 6%,发行期限为 2 年。该债券贴现发行的价格为多少? 债券的年收益率为多少? (分别按照单利和复利的方法计算)
3. 某交易所共有甲、乙、丙三只采样股票,基期为 9 月 30 日,基期指数为 100,如果基期、报告期情况如下,请问报告期股价指数应为多少?

股票名称	9月30日		11月30日	
	收盘价（元/股）	上市股票数	收盘价（元/股）	上市股票数
甲	50	10	55	10
乙	100	15	105	15
丙	150	20	160	20

4. 某开放式基金5月31日净值为2元，6月1日净值为2.1元，申购费率1.2%，赎回费率0.5%。该基金采用后端收费。如果投资者甲某5月31日申购该基金10万元，那么他可以申购的基金份数为多少？如果改用前端收费，他可以申购的基金份数又为多少？

5. 某开放式基金，申购费率1.2%，赎回费率0.5%。张先生用30万元来申购该基金。申购当日该基金净值为2.8元，则申购价格和申购份额为多少？假如一位投资者要赎回该基金10万份，赎回日基金单位净值2.5元，那么赎回价格和赎回金额又为多少？

六、问答题

1. 债券溢价发行和折价发行主要是由什么原因造成的？
2. 试述公司制交易所的优缺点。
3. 信用交易的基本概念及利弊分析。
4. 股票发行价格的确定方式及各自的含义。

第四章　证券投资风险衡量与分析

一、名词解释

　　系统性风险　非系统性风险　贝塔值　资本市场线　证券信用评级

二、填空题

1. 系统性风险也称_____或_____。
2. 非系统性风险主要包括_____、_____、_____、_____和信用风险。
3. 一般来说,市场利率与证券价格呈_____变化。
4. 相关系数的取值范围在_____之间。相关系数越接近于1,两种证券的_____越强,证券组合的_____也越大。
5. 美国标准普尔公司和穆迪投资评级公司所评债券分为_____和_____两种,一般以_____为区分两者的界限。
6. 标准普尔公司把债券评级分为_____。
7. β值可替代_____作为测定风险的指标,它与证券或证券组合的_____呈正相关关系。

8. 利率风险和汇率风险属于_____风险。

9. 证券组合理论的重要假定是,人们确定投资的预期收益时,期望证券组合的_____最小;确定投资风险后,则要追求_____的最大化。

三、单项选择题

1. 系统性风险也称( )。
   A. 分散风险　　　　　　B. 偶然风险
   C. 残余风险　　　　　　D. 固定风险

2. 非系统性风险也称( )。
   A. 分散风险　　　　　　B. 宏观风险
   C. 残余风险　　　　　　D. 不确定风险

3. 下列( )属于系统性风险。
   A. 购买力风险　　　　　B. 企业财务风险
   C. 企业道德风险　　　　D. 证券投资价值风险

4. 下列( )属于非系统性风险。
   A. 信用风险　　　　　　B. 利率风险
   C. 购买力风险　　　　　D. 汇率风险

5. 证券组合的方差是反映( )的指标。
   A. 预期收益率　　　　　B. 实际收益率
   C. 证券之间的相关程度　D. 投资风险

6. 如果协方差的数值小于零,则两种证券的收益率变动结果( )。
   A. 相同　　　　　　　　B. 相反
   C. 相等　　　　　　　　D. 无规律性

7. 相关系数等于-1意味着( )。
   A. 两种证券之间具有完全正相关性

B. 两种证券之间的相关性稍差

C. 两种证券之间的风险可以完全抵消

D. 两种证券组合的风险很大

8. β值衡量的风险是( )。

 A. 系统性风险

 B. 非系统性风险

 C. 既不是系统风险,也不是非系统风险

 D. 不确定

9. 假定某证券的无风险利率是5%,市场证券组合预期收益率为10%,该组合的β值为0.9,则该证券的预期收益率为( )。

 A. 8.5%　　　B. 9.5%　　　C. 10.5%　　　D. 7.5%

10. ( )是投资者正常情况下可以接受的最低信用级别?

 A. A　　　　B. C　　　　C. BB　　　　D. BBB

11. 无风险证券的β值等于( )。

 A. 1　　　　B. 0　　　　C. −1　　　　D. 0.1

12. 如果某证券组合的基准为1.0,而其中某只股票的β值为0.9,表明( )。

 A. 该股票的波动性比证券组合的波动性高0.05

 B. 该股票的波动性比证券组合的波动性高0.1

 C. 该股票的波动性比证券组合的波动性低0.05

 D. 该股票的波动性比证券组合的波动性低0.1

四、判断题

1. 系统性风险发生时,证券市场的股票所受的影响程度基本相等。　　　　　　　　　　　　　　　　　　　　( )

2. 证券投资组合不是投资者随意的组合,它是投资者权衡投资收益和风险后,所确定的最佳组合。　　　　　　　　( )

3. 证券投资组合理论是在投资者为了追求高的投资预期收益,并

希望尽可能躲避风险的前提下提出来的。	(　)
4. 一般情况下,单个证券的风险比证券组合的风险要小。	(　)
5. 协方差为正值时,两种证券的收益变动方向相同。	(　)
6. 方差在任何情况下都是正数,协方差值可正可负。	(　)
7. 证券组合相对自身的 β 值就是 1。	(　)
8. 当相关系数为 -1 时,证券组合的风险最大。	(　)
9. 证券信用评级有利于筹资企业降低筹资成本。	(　)
10. 信用评级在一定程度上具有滞后性。	(　)
11. 信用评级能够准确反映企业管理者的管理水平。	(　)

五、计算题

1. 下表列示了某证券 M 的未来收益率状况估计。请计算 M 的期望收益率、方差和标准差。

收益率(%)	16	10	8
概　率	1/3	1/2	1/6

2. 某证券投资组合有四种股票,经过研究四种股票在不同时期可能获得的收益率及不同市场时期可能出现的概率如下表:(1) 请计算每只股票的预期收益率;(2) 如果四只股票在证券投资组合中所占的权重分别为 25%、30%、20%、25%,请计算此证券组合的预期收益率。

不同时期	出现概率	可能的收益率(%)			
		A	B	C	D
市场火爆	0.15	30	20	40	30
市场较好	0.35	25	15	20	25
市场盘整	0.30	10	10	15	15
情况糟糕	0.20	8	7	9	5

六、问答题

1. 证券投资风险主要来自哪些方面?
2. 证券市场线中的 β 值起什么作用?
3. 为什么系统风险难以避免?
4. 试述证券信用评级的功能及其局限性。

第五章 证券投资的基本面分析

一、名词解释

货币政策工具　公开市场操作　通货紧缩　垄断竞争市场

二、填空题

1. 基本面分析主要包括下面三个方面内容,即_____、行业分析和_____。
2. 中央银行在公开市场操作上,买进债券会_____货币供给量。
3. 宏观经济运行周期一般经历四个阶段:萧条、_____、_____和衰退。
4. 根据行业与经济运行周期的相关程度,可将行业分为_____、_____、周期性行业和_____。
5. 根据竞争与垄断程度的不同,各行业可分为以下四种市场类型,即:完全竞争的市场、_____、完全垄断市场和_____。

三、单项选择题

1. 分析通胀率、失业率、利率等经济指标对股票市场的影响属于(　　)。

A. 行业分析 B. 经济周期分析
C. 上市公司情况分析 D. 宏观经济分析

2. 当中央银行提高法定存款准备金率时,商业银行可以运用的资金减少,贷款能力下降,(　　)缩小,市场货币量相应减少。
   A. 存款乘数 B. 货币乘数
   C. 贷款乘数 D. 存款量

3. 再贴现政策一般包括(　　)两项内容。
   A. 再贴现利率和再贴现条件
   B. 再贴现比率和再贴现条件
   C. 再贴现利率和再贴现操作
   D. 再贴现比率和再贴现操作

4. 一般来说,在温和、稳定的通胀情况下,证券市场价格会(　　)。
   A. 下降　　B. 不变　　C. 上升　　D. 不确定

5. 如果一国在某一时期能保持贸易顺差水平,则该国的国民生产总值往往能有明显的增长,证券市场的价格会(　　)。
   A. 稳步上扬 B. 持续盘整
   C. 持续阴跌 D. 无法确定

6. 厂商数量在(　　)会增多。
   A. 初创期　B. 成长期　C. 稳定期　D. 衰退期

7. 垄断竞争(不完全竞争)市场,厂商生产的产品之间(　　)。
   A. 无差别 B. 有差别
   C. 可能有差别,也可能无差别 D. 以上说法都对

8. 如果一国出现长期而且大幅度的顺差,就会造成外汇储备过多,则会使国内(　　)压力增加。
   A. 通货紧缩 B. 通货膨胀
   C. 货币流出 D. 失业

9. 企业之间具有相互依存性的市场是(　　)。

A. 完全竞争市场 B. 垄断竞争市场
C. 寡头垄断市场 D. 完全垄断市场

四、判断题

1. 货币政策的三大法宝是存款准备金制度、公开市场操作和税收政策。（　）
2. 当中央银行提高法定存款准备金率时,货币乘数会变小。（　）
3. 如果一个国家长时期出现贸易赤字,外汇储备必然相应减少,用外汇购买进口原料,设备和技术的能力也逐渐低落,经济增长速度会下降。（　）
4. 一般来说,货币供应量增加有利于上市公司业绩提高。（　）
5. 经济衰退时期,投资以保本为主,投资者在此阶段宜持有较多商品。（　）
6. 经济萧条时期,投资者应该多投资周期性行业的股票,以期获得较好收益。（　）
7. 按行业发展与经济周期关系可将行业分为资本密集型、技术密集型、劳动密集型、知识密集型和资源密集型。（　）
8. 增长型行业的产品需求相对稳定,基本不受经济周期波动的影响。（　）

五、问答题

1. 国内生产总值增长率的变化对证券市场有哪些影响?
2. 通货膨胀对证券市场的危害有哪些?
3. 财政政策如何对证券市场发挥作用?
4. 判断行业类型的主要方式是什么?

第六章 公司上市条件和上市公司情况分析

一、名词解释

股票上市 差额分析法 流动比率 每股收益 市净率 资产收益率

二、填空题

1. 根据上海和深圳证券交易所《股票上市规则》规定,发行人首次公开发行股票后申请其股票在主板(含中小企业板)上市,公司股本总额不少于人民币_____。
2. 财务分析的主要方法有_____、比率分析法和_____。
3. 资产负债比率越低,公司偿债的压力_____,利用财务杠杆融资的空间_____。一般来说,该指标控制在_____为好。
4. 一般来说,资本化比率低,则公司长期偿债压力_____。固定资产净值_____,表明公司的经营条件相对较好。
5. 流动比率、速动比率和现金比率是反映企业_____的指标。一般流动比率为_____为好,速冻比率为

_____比较合适,现金比率一般在_____左右为好。

6. 利息支付倍数是一企业每期获得_____与所支付的_____的比。

7. 股东权益与固定资产的比率越大,说明企业_____越稳定。

8. 一般性,营业周期越短,说明企业的_____速度越快。

9. 总资产周转率是用来说明_____对_____所做贡献程度的指标。

10. _____这项指标是反映一元销售收入带来多少净利润的指标。

11. 一般性,每股现金流量应_____每股收益。

12. 当企业处于初创或成长期,其投资活动的现金流量一般呈现_____态势。当企业处于成熟期或衰退期,现金流以_____为主。

13. 在创业板上市的公司,发行后的股本总额不少于人民币_____。

三、单项选择题

1. 我国 A 股上市公司成立时间必须在(　　)以上。
   A. 3 年　　　B. 1 年　　　C. 2 年　　　D. 5 年

2. 某股份公司(总股本小于 4 亿),如果想在上海证券交易所上市,其向社会公开发行的股份不得少于公司股本总数的(　　)。
   A. 35%　　　B. 25%　　　C. 10%　　　D. 15%

3. (　　)是分析公司短期偿债能力最严格的指标。
   A. 流动比率　　　　　　　B. 速动比率
   C. 现金比率　　　　　　　D. 现金对流动负债的比率
4. 用以衡量企业偿付借款利息支付能力的指标是(　　)。
   A. 利息支付倍数　　　　　B. 流动比率
   C. 速动比率　　　　　　　D. 应收账款周转率
5. 反映发行在外的每股普通股所代表的净资产的指标是(　　)。
   A. 净资产收益率　　　　　B. 每股净资产
   C. 每股收益　　　　　　　D. 收益率
6. 股东权益比率是反映(　　)的指标。
   A. 经营能力　　　　　　　B. 获利能力
   C. 偿债能力　　　　　　　D. 资产运用能力
7. 资产负债率是反映上市公司(　　)的指标。
   A. 经营能力　　　　　　　B. 获利能力
   C. 偿债能力　　　　　　　D. 资本结构
8. 应收账款周转天数是反映上市公司(　　)的指标。
   A. 经营能力　　　　　　　B. 获利能力
   C. 偿债能力　　　　　　　D. 资本结构
9. 资产收益率是反映上市公司(　　)的指标。
   A. 获利能力　　　　　　　B. 经营能力
   C. 偿债能力　　　　　　　D. 资本结构
10. 上市公司二级市场上流通的股票价格通常要(　　)其公司每股净资产。
    A. 低于　　　　　　　　　B. 等于
    C. 高于　　　　　　　　　D. 不确定
11. 如果要在创业板上市,要求该公司最近两年连续盈利,且最近两年净利润累计超过(　　)万元,且持续增长。
    A. 5 000　　B. 30 000　　C. 20 000　　D. 1 000

12. 以募集方式设立公司时,发行境内上市外资股(B股),拟向社会发行的股份(股本总额小于4亿元)应达公司股份总数的(　　)以上。
　　A. 10%　　　　　　　　B. 20%
　　C. 25%　　　　　　　　D. 35%

四、判断题

1. 根据我国《证券法》的规定上市公司最近三年连续亏损的,该公司将终止上市。（　　）
2. 根据我国《证券法》的规定,股份有限公司申请股票主板上市,公司股本总额不少于人民币三千万元。（　　）
3. 上市公司最近三年连续亏损,在其后一个年度内未能恢复盈利的,就会终止上市。（　　）
4. 如果公司的资产负债比率很低,就不会有偿债风险。（　　）
5. 一般来说,资本化比率低,公司偿债压力较小。（　　）
6. 流动比率越高越好。（　　）
7. 存货周转天数是反映企业长期偿债能力的指标。（　　）
8. 市盈率是表示投资者愿意支付多少价格换取公司每一元收益的指标。（　　）
9. 一般情况下,每股现金流量不一定要大于每股收益。（　　）
10. 股东权益比率是反映企业短期偿债能力的指标。（　　）
11. 资本固定化比率是反映偿债能力的指标。（　　）
12. 一般来说,上市公司目前的盈利水平较好,其在二级市场的股价也较高。（　　）
13. 财务报告的信息不完备性是财务分析的缺陷之一。（　　）

五、计算题

下表是某公司的资产负债表和损益表。

资产负债表

单位：万元

项　　　目	年初数	年末数	项　　　目	年初数	年末数
流动资产：			流动负债		
现金	800	1 500	短期借款	300	200
短期投资	100	40	应付账款	500	400
应收账款	1 000	1 300	应付工资及福利	100	200
预付账款	100	200	应付股利	400	700
存货	800	900	一年内到期的长期负债	100	180
流动资产合计	2 800	3 940	流动负债合计	1 400	1 680
长期投资：			长期负债：		
长期投资	200	400	应付债券	100	200
固定资产：			长期借款	100	200
固定资产原价	2 400	2 700	股东权益：		
减：累计折旧	700	800	股本	1 400	1 800
固定资产净值	1 700	1 900	资本公积	400	800
无形资产和其他资产：			盈余公积	700	1 100
无形资产	60	50	未分配利润	660	510
			股东权益合计	3 160	4 210
资产总计	4 760	6 290	负债及股东权益合计	4 760	6 290

损　益　表

单位：万元

项　　　目	上　年　累　计	本　年　累　计
一、营业收入	10 500	14 000
减：营业成本（销售成本）	6 500	8 000
销售费用	350	400
管理费用	650	800
财务费用（利息费用）	60	70

续 表

项　　目	上 年 累 计	本 年 累 计
营业税金(5%)	525	700
二、营业利润	2 415	4 030
加：投资收益	55	80
营业外收入	60	40
减：营业外支出	40	20
三、税前利润	2 490	4 130
减所得税(25%)	622.5	1 032.5
四、税后利润	1 867.5	3 097.5

如果该公司2014年在外发行股票2 000万股,2015年2 300万股,其平均市价分别为15.0元和15.5元。2015年派息500万元。问：2015年该公司

(1) 资产负债比率；

(2) 流动比率、速动比率；

(3) 应收账款周转率、存货周转率、总资产周转率；

(4) 利息支付倍数,市盈率；

(5) 每股净资产、2015年每股支付的股利。

六、问答题

1. 简述公司上市的意义。
2. 我国《证券法》规定出现什么情况时,上市公司要暂停上市？
3. 上市公司会计信息披露包括哪些内容？
4. 在偿债能力分析中,为何有了流动性比率指标,还要用速动比率指标？
5. 股东权益指标是否越高越好,为什么？
6. 试述上市公司财务分析的缺陷。

第七章 证券投资的技术指标应用

一、名词解释

基本面分析　K线图　支撑线　乖离率　相对强弱指标　威廉指标

二、填空题

1. 技术分析的基本因素是市场行为中的_____、_____、时间和空间。

2. 按道氏理论的分类，趋势分为_____、_____和_____三种类型。

3. 光头光脚的阳线开盘价等于_____，收盘价等于_____。

4. 如果某一天某只股票的K线是光头光脚的大阴线，则表明_____远远大于_____。

5. 带有下影线的光头阳线属于_____型，带有上影线的光头阳线属于_____型。

6. 十字星K线的上影线如果比较长，说明_____。

7. 一字型K线图是_____、_____、最高价和_____完全相等的一种形式。

8. 识别圆弧形态时,成交量也是很重要的。圆弧顶(底)在形成过程中,成交量都是_____。

9. 如果移动平均线呈多头排列则应该是_____、_____、_____和长期移动平均线自下而上排列。

10. MACD 是由_____(DIF)和_____(DEA)两部分组成。

11. 威廉指标的数值介于_____之间。当威廉指标为_____时,多空力量均衡;当威廉指标为_____时,市场处于超卖状态;当威廉指标为_____时,市场处于超买状态。

12. 黄金分割线中运用最经典的数字为_____和_____,极易产生压力与支撑。

三、单项选择题

1. 日 K 线包含四种价格,即( )。
   A. 开盘价　收盘价　最低价　中间价
   B. 收盘价　最高价　最低价　中间价
   C. 开盘价　收盘价　最低价　最高价
   D. 开盘价　收盘价　平均价　最低价

2. 收盘价、开盘价、最低价相等所形成的 K 线是( )。
   A. T 型　　　B. 倒 T 型　　　C. 一字型　　　D. 十字星

3. 光头光脚的阴线的特点是( )。
   A. 开盘价等于收盘价
   B. 开盘价等于最低价
   C. 收盘价等于最高价
   D. 开盘价等于最高价,收盘价等于最低价

4. 对于仅有上影线的光脚阳线,(　　)情况多方实力最强?
   A. 阳线实体较长,上影线较短
   B. 阳线实体较短,上影线较长
   C. 阳线实体较长,上影线也较长
   D. 阳线实体较短,上影线也较短

5. (　　)K线图是最普遍、最常见的图形。
   A. 带有上影线的光脚阳线
   B. 带有下影线的光头阳线
   C. 带有上下影线的阳线或阴线
   D. 光头光脚的阳线或阴线

6. T型K线图的特点是(　　)。
   A. 收盘价等于开盘价
   B. 收盘价等于最高价
   C. 收盘价、开盘价、最高价相等
   D. 收盘价、开盘价、最低价相等

7. 移动平均线由美国投资专家葛兰维尔发明,他利用数理统计方法处理每一交易日的(　　)。
   A. 收盘价　　　　　　　B. 开盘价
   C. 最低价　　　　　　　D. 最高价

8. 如果移动平均线从下降轨迹变为平坦转而呈上升趋势,而股价此时从均线下方突破并交叉向上,此信号为(　　)。
   A. 卖出信号　　　　　　B. 买入信号
   C. 盘整信号　　　　　　D. 以上都对

9. 2015年7月1日某股票收盘价9.80元,其5日均值为10.20元,该股票的乖离率(5日)为(　　)。
   A. 3.92%　　　　　　　B. −3.92%
   C. 4.92%　　　　　　　D. −4.92%

10. 一般情况下,在20区域下,(　　)是买入信号。

A. K 线由上向下穿过 D 线

B. D 线由下向上穿过 K 线

C. K 线由下向上穿过 D 线

D. K 线、D 线交错在一起,没有具体突破方向

11. 如果某股票 10 天内的最高价为 15 元,最低价为 12 元,第 10 天的收盘价为 13 元,则该股票的 10 日威廉指标为( )。

    A. 70.67　　　B. 80.67　　　C. 66.67　　　D. 50.67

12. 移动平均线呈空头排列的情况是( )。

    A. 股票价格、短期均线、中期均线、长期均线自上而下依次排列

    B. 股票价格、短期均线、中期均线、长期均线自下而上依次排列

    C. 长期均线、股票价格、短期均线、中期均线自上而下依次排列

    D. 短期均线、中期均线、长期均线、股票价格自下而上依次排列

四、判断题

1. 证券投资的技术分析一定程度上是建立在公司的财务状况和对宏观经济政策分析的基础上的。　　　　　　　　　　(　)

2. 技术分析准确性的基础是技术分析要尽可能多包含影响股票价格的供求因素。　　　　　　　　　　　　　　　(　)

3. 带有下影线的光头阳线,常常预示着空方的实力比较强。

　　　　　　　　　　　　　　　　　　　　　　　　(　)

4. 带有下影线的光脚阴线是先抑后扬型。　　　　　　(　)

5. 十字星 K 线因为收盘价等于开盘价,所以没有红黑十字星之分。　　　　　　　　　　　　　　　　　　　　(　)

6. 倒 T 型 K 线图,上影线越长,空方实力越强。　　　(　)

7. 一般情况下,5 天均线市场价格的敏感度比 10 天均线高。（　　）
8. 移动均线具有惯性和助涨或助跌的特点。（　　）
9. 支撑线和压力线一经形成,就不会改变,不会相互转化。（　　）
10. 黄金分割线中运用最经典的数字为 0.382、0.618,极易产生压力与支撑。（　　）
11. KDJ 指标中 J 值得取值范围在 0—100 之间。（　　）
12. 旗形和楔形是两个最为著名的反转突破形态。（　　）
13. 根据形态理论的观点,股价曲线的形态分成两种类型：持续整理形态和反转突破形态。（　　）
14. M 头一旦得到确认,就可以用它进行对后市的预测。从突破点算起,股价将至少要跌到与形态高度相等的距离。（　　）
15. 圆弧形反转深度和高度一般是其形态高度。（　　）

五、计算题

1. 某股票最近 11 天的收盘价情况如下表,请计算该股票的 RSI 指标值。通过计算结果可以得到什么结论？

单位：元/股

一	二	三	四	五	六	七	八	九	十	十一
10.80	10.95	11.50	11.20	11.00	10.50	10.80	11.30	11.50	11.70	11.60

2. 如果某股票 5 天内的股价情况如下表。

单位：元/股

价　格	星期一	星期二	星期三	星期四	星期五
开盘价	11.35	12.30	13.10	13.70	13.80
最高价	12.25	12.90	13.70	14.50	14.00
最低价	11.30	12.00	13.10	13.50	13.00
收盘价	12.00	12.90	13.70	14.00	13.30

（1）如果该股票星期四的 5 日 K、D 值分别为 55.90、50.80，请计算其星期五的 5 日 K、D 值；（2）求其星期五的 5 日 MNS 值。

六、问答题

1. 试述技术分析与基本面分析的优点与局限性。
2. 请对带有上下影线的阴线和阳线多空双方的实力情况进行分析。
3. 试述移动平均线的特点。
4. 乖离率指标有什么作用？
5. 某股票 3 天内的股价情况如下表，请画出该股票 3 天内的 K 线图，并对股票未来走势做简单预测。

单位：元/股

价　格	星期二	星期三	星期四
开盘价	15.00	14.30	15.20
最高价	14.00	15.00	16.50
最低价	15.20	15.25	16.50
收盘价	14.00	14.20	15.20

第八章 金融衍生商品交易分析

一、名词解释

期货合约 看跌期权 美式期权 内在价值 认购权证 欧式权证

二、填空题

1. 金融期货通常包括_____、利率期货和_____ _____。

2. 货币期货是以_____为标的物的期货交易；股指期货是以_____为标的物的期货交易。

3. 如果某日恒生指数为9500点，则一张股指期货合约代表的合约价值为_____港元。

4. 看涨期权买卖双方的盈亏平衡点是标的资产市场价格等于_____；看跌期权买卖双方的盈亏平衡点是标的资产市场价格等于_____。

5. 凡是在期权合约的有效期内任何一天买方都可以行使自己的权利，这种期权是_____；而把期权合约仅仅是在到期这一天执行的期权称为是_____。

6. 期货交易一般具有_____、投机和_____三大功能。

7. 我国 5 年期国债期货的报价方式采用的是_____。

8. 我国沪深 300 股指期货目前最低交易保证金为_____。

9. 期权价格主要由_____和_____所组成。

10. 按照规定的权利划分，权证可以分为_____和_____。

11. 某投资者买入一股票看跌期权，期权的有效期为 3 个月，协定价为 20 元/股，一份期权合约包含的股票数量为 100 股，期权费为 2 元/股。该投资者的最大盈利为_____。当该股票的市场价格为_____元时，对投资者来说是不赢不亏的；当该股票的市价_____投资者开始盈利；当该股票的市价_____投资者放弃执行权利。

三、单项选择题

1. (　　)不是期货合约中包括的内容。
   A. 交易价格　　　　　　B. 交易规格
   C. 交易数量　　　　　　D. 交易品种

2. 我国曾于 1993 年开展金融衍生交易(　　)。
   A. 货币期货　　　　　　B. 国债期货
   C. 股指期货　　　　　　D. 外汇期货

3. 股票指数期货的标的物是(　　)。
   A. 股票　　　　　　　　B. 股票指数
   C. 股票价格　　　　　　D. 股指期货合约

4. 期权的(　　)需要在交易所缴纳保证金。
   A. 买方　　　　　　　　B. 卖方
   C. 买卖双方均需　　　　D. 买卖双方均无需

5. 看跌期权的协定价格与期权费呈（　　）变化。
   A. 同向   B. 反向
   C. 循环   D. 无规律性
6. 如果其他因素保持不变，在相同的协定价格下，远期期权的期权费应该比近期期权的期权费（　　）。
   A. 低   B. 相等
   C. 高   D. 不确定
7. 金融期货中最先产生的品种是（　　）。
   A. 利率期货   B. 外汇期货
   C. 债券期货   D. 股权类期货
8. 作为期货合约标的物的商品不应具有下列（　　）特征？
   A. 市场需求较大   B. 易于仓储和运输
   C. 质量稳定，便于分级 D. 价格波动幅度较小
9. 某人同时买入一份看涨期权和看跌期权，这两份合约具有相同的到期日、协定价格和标的物，则投资者（　　）。
   A. 最大盈利为两份期权费之和
   B. 最大盈利为两份期权费之差
   C. 最大亏损为两份期权费之和
   D. 最大亏损为两份期权费之差
10. 某人同时卖出一份看涨期权和看跌期权，这两份合约具有相同的到期日、协定价格和标的物，则投资者（　　）。
    A. 最大盈利为两份期权费之和
    B. 最大盈利为两份期权费之差
    C. 最大亏损为两份期权费之和
    D. 最大亏损为两份期权费之差
11. 期权的内在价值（　　）。
    A. 一定大于等于零   B. 可能大于零
    C. 可以是正数也可以是负数 D. 一定大于1

12. 右图表示（　　）。
    A. 买入看跌期权
    B. 卖出看跌期权
    C. 买入看涨期权
    D. 卖出看涨期权

四、判断题

1. 看涨期权的协定价格与其期权费呈正比例变化；看跌期权的协定价格与其期权费呈反比例变化。（　　）
2. 期权的最终执行权利在买方，而卖方只有履约的义务。（　　）
3. 国债期货交易只能是交易所内交易，不可以在场外交易。（　　）
4. 股指期货采用的是现金交割，不是实物（股票）交割。（　　）
5. 看涨期权买方支付期权费可以购买标的资产，看跌期权买方支付期权费可以卖出标的资产。（　　）
6. 理论上讲，在期权交易中，卖方所承担的风险是有限的，而获利空间是无限的。（　　）
7. 国债期货交易的成交与交割是同步的。（　　）
8. 我国沪深300股指期货合约的合约月份是1—12月份。（　　）
9. 按照期权合约的标的资产划分，期权可以分为现货期权、期货期权和期权的期权。（　　）
10. 期货合约在交易所内交易，具有公开性，而远期合约在场外进行交易。（　　）
11. 期权的内在价值要么大于零，要么等于零，不可能小于零。（　　）
12. 期权交易与期货交易双方承担的风险是不同的。（　　）

五、计算题

1. 某人想一个月后购买 A 股票 200 手,B 股票 100 手,当时 A 股票的价格为 10 元,B 股票的价格为 13 元。他怕一个月后股票价格上涨,准备利用恒指进行套期保值。目前恒指 8800 点。假如一个月后,A、B 股价上涨到 11 元、14.50 元,恒指上涨到 9700 点,请问该投资者目前的操作可以达到套期保值的目的吗?(恒指每点代表 50 港币)

2. 某人持有总市值为 100 万的港元股票 8 种,他担心市场利率上升,想利用恒指期货对自己手中持有的现货进行套期保值。如果当日恒指为 9000 点(恒指每点价值 50 港元),通过数据得知,每种股票的 β 值为 1.02、1.05、1.04、1.10、1.06、1.07、1.20、1.30,每种股票的权重分别为 12％、15％、16％、8％、18％、10％、13％及 8％,现要对该组合进行价格下跌的保值,应该如何操作?3 个月后,该组合市价总值 94 万元,恒指 8500 点,投资者对冲后总盈亏为多少?

3. 某人手中仅有 6 000 元,他看好目前市价为 30 元的某股。同时,该品种的看涨期权价格为:期权费 2 元,协定价格 33 元。若干天后,行情上涨到 40 元,如果此时投资者能够获得无息资金,问投资者当时如何操作,目前获利最大?(从投资收益率角度比较)

4. 某人买入一份股票看涨期权,同时又卖出一份同品种看涨期权。该品种市价为 25 元,第一个合约的期权费为 3 元,协定价格为 27 元,第二个合约的期权费为 2 元,协定价格 30 元,请对投资者的盈亏情况加以分析。(请辅助图形说明)

5. 某人买入一份股票看涨期权和同品种看跌期权一份,假如目前该股市价为 18 元,看涨期权合约期权费 3 元,协定价 19 元,看跌期权合约期权费 2 元,协定价 23 元,试证明投资者的最大亏损为 100 元。
6. 某人买入一份股票看涨期权,协定价格 22 元,期权费 3 元,该品种市价 19 元。他认为市场处于牛市,看跌期权被执行的可能性小,于是又卖出一份看跌期权,协定价 16 元,期权费 2 元,两份合约到期日相同,请辅助图表对投资者的盈亏情况加以分析。

六、问答题

1. 试述国债期货的特点。
2. 股指期货合约的内容通常包括哪些内容?
3. 简述期权的分类。
4. 试述期权价格的构成及影响因素。
5. 简述期权交易与期货交易的区别。
6. 试述权证价格及其影响因素。

第九章 证券市场的监管

一、名词解释

"三公原则" 自律模式 内幕人员 虚假陈述 证券欺诈 注册制

二、填空题

1. 发展证券市场的"八字"方针是法制、_____、自律和_____。
2. 证券欺诈行为主要是指内幕交易、_____、欺诈客户、_____四种违法行为。
3. _____是证券交易所管理的基本原则。
4. 公开原则通常包括两个方面,即证券信息的初期披露和_____。
5. 证券市场监管模式主要有_____和_____。
6. 英国是证券市场_____的典型代表。
7. _____是指以获取利益或者减少损失为目的,利用资金、信息等优势或者滥用职权,影响证券市场价格,制造证券市场假象,诱导投资者在不了解事实真相的情况下作出证券投资决定,扰乱证券市场秩序的行为。
8. 证券经营机构将自营业务与代理业务混合操作;证券经营机构

违背被代理人的指令为其买卖证券等是_____行为。

9. 未经国家有关主管部门批准,擅自发行股票或者公司、企业债券,数额巨大、后果严重或者有其他严重情节的,处五年以下有期徒刑或者拘役,并处或者单处非法募集资金金额_____ _____罚金。

10. 审核制度一般分为两种:一种是以美国联邦证券法为代表的_____;一种是以美国部分州的证券法及欧洲大陆各国的《公司法》为代表的_____。

三、单项选择题

1. 信息披露公开原则的要求就是指信息披露应该( )。
   A. 及时、准确、完整、彻底　　B. 准时、确切、定量、真实
   C. 及时、完整、认真、纯粹　　D. 及时、准确、完整、真实

2. 自律性管理监督主要由证券市场内一些机构自行制定一套规章制度,这些机构不包括( )。
   A. 证券监督管理委员会　　B. 证券交易所
   C. 证券公司　　　　　　　D. 证券业协会

3. 上市公司( )的情形下,不需要公布临时性公告。
   A. 公司涉及重大诉讼
   B. 公司的股份发生5%及以上份额的增加或减少
   C. 在正常营业外公司或控股公司重要资产发生得失
   D. 公司从海外引入一名新的部门经理

4. 当投资者对某家上市公司的股票持有比例达到( )时,除了按照规定报告外,还应当自事实发生之日起45日内向公司所有股东发出收购要约,并同时刊登到有关报纸上。
   A. 10%　　B. 20%　　C. 30%　　D. 50%

145

5. 上市公司在进行信息披露时,要求提供持续性的信息披露文件,不属于此类文件的是( )。
   A. 年度报告　　　　　　　B. 临时公告书
   C. 季度报告　　　　　　　D. 公司投资价值分析报告

6. 我国《证券法》规定,发行证券并上市的公司应当在每一个会计年度的结束之日起( )内,向证券监督管理机构和证券交易所提交年度报告。
   A. 1个月　　　　　　　　B. 2个月内
   C. 4个月内　　　　　　　D. 120天

7. 证券市场规范的基本标志是( )。
   A. 市场规则的法制化和市场规模的扩大
   B. 信息披露的及时性、准确性、完整性
   C. 监督管理的有效性和市场规模的扩大
   D. 市场规则的法制化和监督管理的有效性

8. 某上市公司上市之初,市场传闻有大比例送配题材,但该公司随即发表声明,说公司并未就该协议做过考虑。可是,时隔不久,公司就公布了10送10的决议,期间股价由15元一路飙升至30元,在此过程中,该公司领导层的做法( )。
   A. 违反了信息披露应该前后一致的原则
   B. 违反了信息披露应该详尽完整的要求
   C. 违反了信息披露应该准确严谨的要求
   D. 违反了信息披露应该及时有效的要求

9. 美国是证券市场( )的典型代表。
   A. 自律管理
   B. 集中立法管理
   C. 行政、法律、经济等多种手段综合管理
   D. 集中监管和自律管理相结合

10. 证券发行注册制度其实是一种发行证券的公司的( )。

A. 信息公开制度　　　　　B. 公开审核制度
C. 财务评审制度　　　　　D. 财务公布制度

四、判断题

1. 美国证券监管制度在世界上较为成熟,是自律性监管的典型代表。（　）
2. 我国证券市场监管的手段主要有法律手段、经济手段和行政手段等方式。（　）
3. 公开原则的核心是要求实现市场信息的公开化,即要求市场具有充分的透明度。（　）
4. 我国目前证券市场监管模式比较偏重于自律管理。（　）
5. 董事长、百分之二十以上的董事或者总经理发生变动应该归属于公司的重大事项。（　）
6. 内幕消息是指内幕人员所知悉、尚未公开的和可能影响证券市场价格的重要消息。（　）
7. 日本证券交易所属于自律型监管模式。（　）
8. 仅仅从事证券经纪、咨询业务的证券公司注册资本最低限额为人民币一亿元。（　）
9. 个人投资者购买证券必须符合国家有关规定,可以进行私下买卖股票。（　）
10. 发展和规范是证券市场的两大主题,发展是基础,规范是目的。（　）

五、问答题

1. 试述证券市场"三公"原则和证券市场"八字"方针的内容。
2. 试述证券发行注册制和核准管理制的区别。
3. 对证券交易所进行监管的模式主要有几种?
4. 简述证券市场违法违规行为的分类。

答　案

第一章　证券投资分析概述

一、名词解释

1. 有价证券：有价证券，是指标有票面金额，用于证明持有人或该证券指定的特定主体对特定财产拥有所有权或债权的凭证。有价证券与无价证券最为明显的区别是它的流通性。按其内容，有价证券可分为三类：商品证券、货币证券及资本证券。

2. 强有效市场：在强有效市场中，证券价格总是能充分、及时地反映所有有关信息，包括全部公开的信息和内幕信息，任何投资者都无法通过对公开或内幕信息的分析来获取超额收益。

3. 证券组合分析法：该方法的出发点是以多元化投资组合来有效地降低非系统性风险。由于不同的证券具有不同的风险收益，该方法通过构建多种证券的组合投资，以实现投资收益和风险的平衡。即根据风险既定条件下，实现收益最大化，或在既定收益条件下使得风险最小的要求，求各组合内证券的组合系数，进而进行组合投资。

4. 技术分析法：是以证券市场过去和现在的市场行为为分析对象，应用数学和逻辑的方法，探索出一些典型变化规律，并据此预测证券市场未来变化趋势的技术方法。

5. 波浪理论："波浪理论"是技术分析流派中另一重要理论，该理论是艾略特于1939年提出的。"波浪理论"是对"道氏理论"的继承和发展。艾略特提出了一系列权威性的演绎法则用来解释市场的行为，并特别强调波动原理的预测价值，这就是久负盛名的艾略特波段理论，又称波浪理论。

二、填空题

1. 证据证券　凭证证券　2. 商品证券　货币证券　资本证券　3. 技

分析 4.弱有效市场 强有效市场 5.消极型投资策略 混合型投资策略

三、单项选择题
1. A 2. C 3. B 4. C 5. D 6. C

四、判断题
1. 错 2. 对 3. 对 4. 错 5. 错 6. 对 7. 对 8. 对

五、问答题

1. 简述证券的含义及分类。

答：证券,是一种对某项财物或利益拥有所有权的书面凭证。它主要有以下划分：(示图)

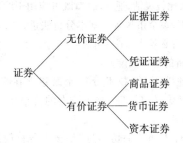

作为广义证券中的无价证券,它也是一种表明对某项财物或利益拥有所有权的凭证。但这类证券受政府或国家法律限制,不能在市场上作广泛的流通,也不能通过流通转让来增加持券人的收益。无价证券分为证据证券和凭证证券两种。

有价证券与无价证券最为明显的区别是它的流通性。按其内容,有价证券可以分为商品证券、货币证券和资本证券三类。

2. 简述证券投资分析的功能。

答：(1) 资本大量聚集功能。

(2) 资本高效配置功能。

(3) 资本均衡分布功能。

3. 简述证券投资中基本分析理论和技术分析理论的区别。

答：(1) 基本分析法和技术分析法都认为证券市场价格受市场上供求力量的影响。技术分析法则主要是分析证券市场价格本身的变化并以此来预测其未来的价格走势。

（2）基本分析法注重分析证券的内在价值，技术分析法不考虑证券的内在价值，只是集中分析证券价格的变动趋势。

（3）基本分析法注重对证券价格长期趋势的分析。技术分析法虽然也对证券价格进行长期趋势分析，但主要的还是以中短期分析为主。

（4）基本分析法注重对宏观经济、行业状况及公司业绩等进行分析，由此来判定证券的内在价值，通过对比证券的市场价格和内在价值，从而做出投资决策。技术分析主要通过一系列技术指标、图形的综合分析，通过对市场的过去行为进行分析和总结，进而实现对证券价格未来趋势的预测。

（5）技术分析法比较灵活，适用面广，既可应用于股票市场，也可运用于期货、期权市场、外汇、黄金市场等。基本分析法进行的是因素分析，在分析某一市场之前，分析者必须成为这个市场的专家。

4. 简述技术分析的基本假设。

答： 以道氏理论为基础，技术分析流派建立在三个假设条件之上：（1）证券市场行为涵盖一切信息；（2）证券的价格变动有一定的规律性；（3）历史或市场会重演。

（1）"证券市场行为涵盖一切信息"是技术分析假设条件中最重要的一条。

（2）证券的价格变动有一定的规律性。这一假设条件是证券投资技术分析中最基本、最核心的条件。

（3）历史或市场会重演。这条假设是从人的心理因素方面考虑的。

5. 证券投资分析的信息来源有哪些？

答： 证券投资分析的信息来源主要包括如下几个方面：（1）来自政府部门的信息；（2）来自证券交易所的信息；（3）来自中国证券业协会的信息；（4）来自证券登记结算公司的信息；（5）来自上市公司的信息；（6）来自中介机构的信息；（7）来自媒体的信息；（8）其他信息来源。

第二章 证券商品基本交易分析

一、名词解释

1. 普通股：是指每一股份对发行公司财产都拥有平等的权益，并不加特别限制的股票。普通股享有公司经营管理和公司利润、资产分配上最基本的权利。

2. 优先股：相对于普通股而言，优先股是指在公司股息分配或公司剩余财产分配上享有比普通股优先权利的股票。

3. 荷兰式招标：又称单一价格招标，是发行人根据募集资金，在投标额由高到低额满为止时，以最低投标价为最终中标价格，也是全体投标商的最终统一中标价。

4. 美国式招标：又称多种价格招标，是投标商依据每个价位上自身认购能力，并考虑中标概率，提出各自不同的认购价格或年收益率，然后由发行人根据所有中标收益率的加权平均数作为债券利率，来依次确定中标者及中标认购数量。每个中标商都有各自不同的认购价。

5. 外国债券：这是甲国以乙国货币为面值，在乙国发行的债券。

6. 欧洲债券：这是甲国在乙国以丙国货币作为面值发行的债券，又称境外或欧洲货币债券。

7. 分级基金：是指在一个投资组合下，通过对基金收益或净资产的分解，形成两级（或多级）风险收益，表现有一定差异化基金份额的基金品种。分级基金的主要特点是将基金产品分为两类份额，两种份额的基金收益分配并不相同。从目前已经成立的分级基金情况看，通常分为低风险收益端（优先份额）子基金和高风险收益端（进取份额）子基金两类份额。

8. 内在价格：内在价格是一种用于分析股票未来收益的理论价格，从而可以判断其市价是否具有潜在的投资价值。

二、填空题

1. 形式　内容　权利　2. 100　3. 股票　债券　4. 香港联合交易所　5. 政府债券　金融债券　公司债券　6. 美国式　荷兰式　7. 单位资产净值　8. 分级股票型基金　分级债券基金　9. 合格的境外机构投资者　10. 三个月　11. 90%　12. 凭证式债券　记账式债券

三、单项选择题

1. B　2. A　3. C　4. B　5. D　6. D　7. C　8. C　9. C　10. D　11. A　12. B　13. B

四、判断题

1. 错　2. 错　3. 对　4. 对　5. 对　6. 错　7. 错　8. 错　9. 错　10. 对　11. 错　12. 对　13. 错

五、简答题

1. 试述股票的种类以及基本特征。

答：根据不同的标准,股票有不同的分类。按股票所代表的股东权利划分,股票可以分为普通股股票和优先股股票。按照是否在票面上记载股东姓名,股票可以分为记名股票和不记名股票。按照有无票面价值划分,股票可以分为有面值股票和无面值股票。按上市地点分类,我国上市公司的股票有A股、B股、H股、N股、S股等的区分。

特征:(1)权利性;(2)责任性;(3)非返还性;(4)盈利性;(5)风险性。

2. 简述优先股的基本特征。

答：相对于普通股而言,优先股是指在公司股息分配或公司剩余财产分配上享有比普通股优先权利的股票。

优先股的基本特点:

(1)股息优先并且固定。(2)优先清偿。(3)有限表决权。(4)优先股可由公司赎回。

3. 试述国际上债券发行招标的方式及各自的含义。

答：有划款期招标、收益率招标和价格招标。其中价格招标包括多种价格招标(美国式)和单一价格招标(荷兰式)。

(1)划款期招标是投标商以缴款时间作为竞争标的物,发行人按由近及远的原则确定中标者,直至额满。这种方式适用于债券发行价或票面利率已定的前提,是一种较为低级的发行招标方式。(2)收益率招标是以债券投资年收益率为竞争标的物,发行人按由低到高的顺序确定中标者。即投标者所报年收益率最低为首先中标。这种方式是国际最常用的招标方式。(3)多种价格招标又称为美国式招标。这是投标商依据每个价位上自身认购能力,并考虑中标概率,提出各自不同的认购价格或年收益率,然后由发行人根据所有中标收益率的加权平均数作为债券利率,来依次确定中标者及其中标认购数量。单一价格招标又称荷兰式招标,是发行人根据募集资金,在投标额由高到低额满为止时,以最低投标价为最终中标价格,也是全体投标商的最终统一中标价。

4. 按债券形态划分债券可以分为哪些？各是什么含义？

答：按债券形态划分,分为实物券、凭证式债券和记账式债券。

(1)实物券。这是债券最初的形态。采用钞票的印制技术和纸张,制作精良,是看得见,摸得到的有价证券,现在早已成为人们难觅的收藏品。

(2) 凭证式债券。这是由发行人,一般是国家政府委托金融机构签发类似于商业银行定期存单的收据凭证,它同样载明债券面值、价格、还本期限、利率等基本要素,到期后由签发部门负责兑付收回凭证。

(3) 记账式债券。这是利用证券交易所网络发行的无纸化债券,并可直接在证券二级市场交易流通,如同股票买卖,它进一步降低了发行成本,完全省略了纸张,安全性高,交易转让快捷。

5. 试述开放式基金与封闭式基金的区别。

答: (1) 基金规模可变性不同。封闭型基金在存续期限内不能赎回,只能按市场价格转让,基金规模固定。开放型基金在存续期限可随意扩大或缩小,导致基金资金额每日变动,发行时无须经证交所批准,基金应保证投资者能随时赎回。

(2) 基金单位交易价格不同。封闭型基金价格受市场供求影响而具有不确定性,或溢价或折价交易。开放型基金按相对固定的资产净值定价,不受市场直接影响。

(3) 基金投资比例及投资方式不同。封闭型基金可将全部资金作统盘长远规划,以追求利益最大化,且不受赎回干扰。而开放型基金则须留下备付金,无法将全部资金投入长线投资,这就势必影响其经济效益。

6. 股票与债券有何区别?

答: (1) 从性质上看。股票体现了股东对公司部分财产的所有权,股东所持股份的规模代表了他在公司控股权的大小。债权人只是持有公司债券,无权参与公司管理,与公司的关系是对立的债权债务关系,其本息归还的权利得到法律保护。

(2) 从发行目的看。公司发行股票是为了筹措自有资金,所筹款项无须归还,可用于固定资产的投入或其他长期投资,其资金列入公司净资产即股东权益。而公司发债是为了增加营运资金或流动资金,一般为了短期资金需求而追加,所筹款项列入公司负债。

(3) 从偿还时间上看。股票无期限,公司无须偿还。债券有期限,到期必须偿还。

(4) 从收益形式上看。股东可从公司税后利润中分享股息红利,但因股票本身增值或贬值的可能性极大,其收益很不稳定。而债权人从公司的税前利润中得到固定收益,债券本身内涵价值不会变动。且债券的回报在股票之前,其索赔权也排在股票之前。

(5) 从风险性看。债券属于单纯的投资对象,投机性小,风险低,收益固定。股票价格变动频繁,风险大,投机性强,预期收益比债券高,收益不稳定。

(6) 从发行单位看。除股份有限公司既可发股又可发债外,其他部门,包括政府都只能报批发行各类债券,而不得发行任何形式的股票。

第三章 证券市场的运行

一、名词解释

1. 证券发行市场:证券发行人将自行设计,代表一定权利的有价证券商品通过媒介转让销售给需要投资的人们,这一过程统称为证券发行市场。

2. 证券流通市场:证券流通市场是重复买卖已发行的证券商品的有形场所,是证券商品所有权在无数投资者手中流转易手的集中地,这是与证券发行市场相对应的,也称为二级市场、次级市场或有形市场。

3. 前端收费:前端收费指的是在购买开放式基金时就支付申购费的付费方式。

4. 后端收费:后端收费指的是在购买开放式基金时并不支付申购费,等到赎回时才支付的付费方式。

5. 融资交易:融资交易是指当投资者预计未来证券价格将会上涨,并通过证券信用交易方式买入。也就是投资者按照初始保证金的水平预交一部分价款,其余差额由证券商垫付。等证券价格上涨后,再高价卖出证券,并将所借价款还给证券商,从中赚取涨价的收益。

6. 融券交易:融券交易是指当投资者预计证券价格将要下降,向券商交纳一定的保证金后,由证券商垫付证券,并将证券出售,等证券价格下跌后,再低价买进证券还给证券商,从中赚取降价收益的交易方式。

7. 会员制交易所:会员制证券交易所为若干证券公司及企业自愿组成,不以盈利为目的,实行自律型管理的会员制事业法人。其法律地位相当于一般的社会团体。

8. 公司制交易所:公司制证交所由商业银行、证券公司、投资信托机构及各类工商企业等共同出资入股建立起来的,是以盈利为目的的公司法人。

二、填空题

1. 证券发行市场　证券流通市场　发行人　投资者　中介商
2. 溢价发行　折价发行
3. 会员制　公司制　会员制
4. 自律型管理　盈利
5. 协商　竞价交易　一对一
6. 一级账户　二级账户
7. 1990 年 12 月 19 日　全部上市股票为样本股　发行总股本　1993 年 4 月 30 日
8. 40 家　1994 年 7 月 20 日　1 000
9. 融资交易　融资交易　融券交易　融资交易
10. 次日交割　例行交割
11. 算数平均法
12. 当日交割　约定日交割

三、单项选择题

1. A　2. C　3. D　4. A　5. C　6. B　7. D　8. D　9. B　10. A　11. B

四、判断题

1. 错　2. 对　3. 错　4. 对　5. 错　6. 错　7. 错　8. 对　9. 错　10. 对

五、计算题

1. 解：溢价发行价格＝（票面额＋利息）/（1＋市场利率×年限）

价格调整为：1 000×(1＋4.8‰×3)/(1＋4‰×3)＝1 021.43 元

2. 解：单利发行价＝票面额×(1－年利率×待偿年限)＝1 000×(1－6‰×2)＝880 元

复利发行价＝票面额/(1＋年收益率)^{年限}＝$\dfrac{1\,000}{(1+6\%)^2}$＝890 元

单利年收益率：$r = \dfrac{票面额-发行价格}{发行价格×期限} \times 100\%$ ＝(1 000－880)/(880×2)＝6.82%

复利年收益率：$r = \left(\sqrt[n]{\dfrac{P}{S}} - 1\right) \times 100\% = \left(\sqrt{\dfrac{1\,000}{890}} - 1\right) \times$

$100\% = 6\%$

3. 解：$I = \dfrac{\sum_{i=1}^{n} P_i W_i}{\sum_{i=1}^{n} P_0 W_i} \times I_0 = \dfrac{55 \times 10 + 105 \times 15 + 160 \times 20}{50 \times 10 + 100 \times 15 + 150 \times 20} \times 100 = 106.5$

4. 解：后端收费：申购份数＝申购金额/基金净值
　　　　　　　＝100 000/2＝50 000 份
前端收费：申购费用＝100 000×1.2％＝1 200 元
申购份数＝(100 000－1 200)/2＝49 400 份

5. 解：申购价格＝2.8×(1＋1.2％)＝2.833 6 元
申购份数＝300 000/2.833 6＝105 872.39 份
赎回价格＝2.5×(1－0.5％)＝2.487 5 元
赎回金额＝100 000×2.487 5＝248 750 元

六、问答题

1. 债券溢价发行和折价发行主要是由什么原因造成的?

答：(1) 债券发行价格取决于多种因素，如发行额度、票面利率、偿还期限等，其中票面利率是关键，因它是事先确定的，一些事后影响的因素则要通过发行价格的调整来表现，以改变市场上要么抢购要么滞销的情况。发行价格相对于其面值，有平价发行，溢价发行和折价发行。

(2) 如果债券发行时，市场利率下降，理论上债券收益率也应随之下降，因此，此时债券采用溢价发行。

(3) 如果债券发行时，市场利率上，理论上债券收益率也应随之上升，因此，此时债券采用折价发行，投资者收益率上升。

2. 试述公司制交易所的优缺点。

答：公司制交易所优点：(1) 对在本范围内交易的证券负有担保责任，即因为证交所成员违约而使投资者遭受损失，证交所将予以赔偿，为此，证交所设立赔偿基金。(2) 证交所规定，券商或股东不得担任证交所高级行政管理人员，即证交所的交易者、中介商与管理者相分离，以示公正，确保证交所保持不偏袒任何一方。(3) 证交所为了盈利不得不为投资者提供良好的服务，完善的硬件设施和软件服务，从而形成较好的信誉。

公司制交易所不足在于：(1)因受利益驱使，交易所成员不断增多，容易增加管理的困难，滋长过度投机。(2)按照公司制证交所的性质，作为盈利的企业就不能排除其经营不善而倒闭破产的可能，而一旦出现这一后果，将会给整个社会带来无可挽回的冲击和破坏，这是区区赔偿金无法弥补的。

3. 信用交易的基本概念及利弊分析。

答：(1)证券商品信用交易包括融资交易和融券交易。融资交易是指当投资者预计未来证券价格将会上涨，并通过证券信用交易方式买入。也就是投资者按照初始保证金的水平预交一部分价款，其余差额由证券商垫付。等证券价格上涨后，再高价卖出证券，并将所借价款还给证券商，从中赚取涨价的收益。融券交易是指当投资者预计证券价格将要下降，向券商交纳一定的保证金后，由证券商垫付证券，并将证券出售，等证券价格下跌后，再低价买进证券还证券商，从中赚取降价收益的交易方式。

(2)利弊分析。利：在证券市场处于低迷之际的信用交易，如买空交易可以增加市场交易量，刺激市场需求，促使行情趋暖。而卖空交易则使投资者在行情下跌之时，同样可以获利，这一功能是现货市场所不具备的。弊：投机者进行信用交易时，往往确信自己对后市行情的判断力，并倾其所有以求一搏，尤其是在数次获利之后，其融资融券量逐步扩大，万一失误，后果不堪设想。买空交易的虚假需求又使市场泡沫增多，投机性加大，最终危及证券市场的规范与稳定；卖空交易在股市低迷时，又是雪上加霜，起到推波助澜的作用，造成市场加速下跌，这是管理层和广大投资者所不愿意看到的。

4. 股票发行价格的确定方式及各自的含义。

答：(1)市盈率定价法；(2)竞价确定法；(3)净资产倍率法。

市盈率定价法是新股发行定价方式的一种，是指依据注册会计师审核后的发行人的盈利情况计算发行人的每股收益，然后根据二级市场的平均市盈率、发行人的行业状况、经营状况和未来的成长情况拟定其市盈率。

竞价确定法是指由各股票承销商或者投资者以投标方式相互竞争确定股票发行价格。发行底价由发行公司和承销商根据发行公司的经营业绩、盈利预测、项目投资的规模、市盈率、发行市场与股票交易市场上同类股票的价格及影响发行价格其他因素共同研究协商确定。竞价确定法在具体实施过程中，又有下面三种形式：一是网上竞价；二是机构投资者(法人)竞价；三是券商竞价。

净资产倍率法又称资产净值法,是指通过资产评估和相关会计手段,确定发行公司拟募股资产的每股净资产值,然后根据证券市场的状况将每股净资产值乘以一定的倍率,以此确定股票发行价格的方法。

第四章 证券投资风险衡量与分析

一、名词解释

1. 系统性风险:系统性风险是指由于公司外部、不为公司所预计和控制的因素造成的风险。通常表现为国家、地区性战争或骚乱,全球性或区域性的石油恐慌,国民经济严重衰退或不景气,国家出台不利于公司的宏观调控的法律法规,中央银行调整利率等。

2. 非系统性风险:指由股份公司因内部微观因素造成证券价格下跌的可能性,它只存在于相对独立的范围,或者是个别行业中。这种风险产生于某一证券或某一行业的独特事件,如破产、违约等,与整个证券市场不发生系统性的联系,这是总的投资风险中除了系统风险外的偶发性风险,或称残余风险。

3. 贝塔值:所谓 β 系数,是美国经济学家威廉·夏普提出的风险衡量的相对指标,反映证券组合波动性与市场波动性之比。在一般情况下,将某个有一定权威性的股指作为测量股票 β 值的基准。

4. 资本市场线:资本市场线主要分析资本市场实现均衡时,人们根据证券组合理论进行决策,通过对投资者集体行为的分析,求出所有证券和证券组合的均衡价格,这就是资本资产定价模型理论,它是在马氏证券组合理论基础上发展起来的 CAPM 理论。

5. 证券信用评级:证券信用评级就是对证券发行人的信誉以及所发行的证券质量进行全面、综合和权威的评估。这种评估,不仅对投资者有参考价值,而且也是对证券发行人的考核,它揭示证券的质量,提供评判证券优劣的依据。

二、填空题

1. 分散风险 宏观风险

2. 企业经营风险 企业财务风险 企业道德风险

3. 反方向

4. −1 到 +1 相关性越强 风险

5. 长期 短期 一年

6. 四等十二级

7. 方差 预期收益
8. 系统风险
9. 风险 预期收益

三、单项选择题

1. A 2. C 3. A 4. A 5. D 6. B 7. C 8. A 9. B 10. D
11. B 12. D

四、判断题

1. 错 2. 对 3. 对 4. 错 5. 对 6. 对 7. 对 8. 错 9. 对 10. 对
11. 错

五、计算题

1. 解：$\bar{R}_p = \sum_{i=1}^{n} X_i \bar{R}_i = 16\% \times \frac{1}{3} + 10\% \times \frac{1}{2} + 8\% \times \frac{1}{6} = 11.66\%$

$\text{var}_i = \sum_{i=1}^{n} \frac{(R_i - \bar{R}_i)^2}{n}$

$= \frac{(16\% - 11.66\%)^2 + (10\% - 11.66\%)^2 + (8\% - 11.66\%)^2}{3}$

$= 11.66\%$

标准差 $= 3.42\%$

2. 解：证券 A、B、C、D 的预期收益率分别为：

$\bar{R}_{Ap} = \sum_{i=1}^{n} X_i \bar{R}_i = 30\% \times 0.15 + 25\% \times 0.35 + 10\% \times 0.30 + 8\% \times 0.20 = 17.85\%$

$\bar{R}_{Bp} = \sum_{i=1}^{n} X_i \bar{R}_i = 20\% \times 0.15 + 15\% \times 0.35 + 10\% \times 0.30 + 7\% \times 0.20 = 12.65\%$

$\bar{R}_{Cp} = \sum_{i=1}^{n} X_i \bar{R}_i = 40\% \times 0.15 + 20\% \times 0.35 + 15\% \times 0.30 + 9\% \times 0.20 = 19.3\%$

$\bar{R}_{Dp} = \sum_{i=1}^{n} X_i \bar{R}_i = 30\% \times 0.15 + 25\% \times 0.35 + 15\% \times 0.30 + 5\% \times 0.20 = 18.75\%$

证券组合的预期收益率 $= 17.85\% \times 25\% + 12.65\% \times 30\% + 19.3\% \times$

159

20%＋18.75%×25%＝16.81%

六、问答题

1. 证券投资风险主要来自哪些方面？

答：所谓风险，是指投资财产损失的可能性。证券风险分为系统性风险和非系统性风险。

（1）系统性风险。系统性风险是指由于公司外部、不为公司所预计和控制的因素造成的风险。通常表现为国家、地区性战争或骚乱，全球性或区域性的石油恐慌，国民经济严重衰退或不景气，国家出台不利于公司的宏观调控的法律法规，中央银行调整利率等。系统性风险包括：

① 政治政策性风险；② 利率风险；③ 购买力风险；④ 汇率风险。

（2）非系统性风险。非系统性风险指由股份公司因内部微观因素造成证券价格下跌的可能性，它只存在于相对独立的范围，或者是个别行业中。非系统性风险主要包括：

① 企业经营风险；② 企业财务风险；③ 企业道德风险；④ 信用风险。

2. 证券市场线中的 β 值起什么作用？

答：（1）所谓β系数，是美国经济学家威廉·夏普提出的风险衡量的相对指标，反映证券组合波动性与市场波动性之比。在一般情况下，将某个有一定权威性的股指作为测量股票β值的基准，该指标可较方便准确地反映投资收益与风险之间的关系。

（2）β值越大的证券，预期收益率也越大。证券与证券组合的β值，可用于衡量该证券与证券组合收益的波动性。个别公司因经营亏损发生股价剧烈波动不在β值的衡量范围内。β值衡量无法通过分散投资予以化解的系统性风险。

（3）β值可替代方差作为测定风险的指标，它与证券或证券组合的预期收益率成正相关关系。

3. 为什么系统风险难以避免？

答：系统性风险的基本特征表现为：第一，系统性风险由共同一致的因素产生。这些灾难性的因素会使整个经济瘫痪和多米诺骨牌式倒塌的联动性。此外，灾难降临之前，人们无法预测灾难的长度、宽度和深度。第二，系统性风险影响证券市场所有证券商品，包括某些具有垄断性的行业，所不同的只是受影响的程度不同。第三，系统性风险难以通过投资分散化来化解。

因为所有的篮子都掉下来了,分散在这些篮子中的蛋都无法幸免。第四,系统风险与投资预期收益成正比关系。越是风险大、无人敢涉及的领域,其预期收益大的诱惑就越强。

基于上述原因,系统风险难以化解。

4. 试述证券信用评级的功能及其局限性。

答:功能:(1)信用评级降低投资风险;(2)信用评级降低筹资成本;(3)信用评级有利于规范交易与管理。

局限性:(1)信用评级资料的局限性;(2)信用评级不代表投资者的偏好;(3)信用评级对管理者的评价薄弱;(4)信用评级的自身风险。

第五章 证券投资的基本面分析

一、名词解释

1. 货币政策工具:是指中央银行为瞄准中介指标而采取的政策手段,它可以分为一般性政策工具和选择性政策工具两种。一般性政策工具指的是法定存款准备金率、再贴现政策、公开市场业务三种工具。

2. 公开市场操作:是指中央银行在金融市场上公开买卖有价证券,以此来调节市场货币供应量的政策。当中央银行认为应当增加货币供应量时,就在金融市场买进有价证券(主要是政府债券);反之,则售出所持有的有价证券。

3. 通货紧缩:通货紧缩主要指物价水平普遍持续的下降的现象。

4. 垄断竞争市场:垄断竞争市场是一种既垄断又竞争,既不完全垄断,又不完全竞争的市场。垄断竞争市场同类产品之间有差别,生产者可以凭产品的差别,树立企业信誉,从而在一定程度上控制其他产品的价格。

二、填空题

1. 宏观经济分析　上市公司情况分析

2. 增加

3. 复苏　繁荣

4. 增长型行业　防御型行业

5. 垄断竞争市场　寡头垄断市场

三、单项选择题

1. D　2. B　3. A　4. C　5. A　6. B　7. B　8. B　9. C

四、判断题

1. 错 2. 对 3. 对 4. 对 5. 错 6. 错 7. 错 8. 错

五、问答题

1. 国内生产总值增长率的变化对证券市场有哪些影响?

答:(1) 持续、稳定、高速的经济增长。

在国内生产总值持续、稳定、高速增长时,总需求与总供给协调增长,经济结构趋向合理平衡,经济增长为需求拉动,促使现有资源得到充分的运用,表明经济发展势头良好,证券市场将随之上升。

(2) 失衡的经济增长。

所谓失衡的经济增长是指为了片面追求高增长,而采取了一系列过度的刺激,重扩大产出,而轻质量效益。严重失衡的高速增长,总需求往往超过总供给,经济的内在矛盾也一定会充分地表现出来。企业经营困境,居民实际收入下降,失衡的经济增长必将导致证券市场下跌。

(3) 宏观调控下的经济减速增长。

当经济表现为失衡性高速增长时,政府为维持经济稳定增长,势必进行宏观调控,这就一定降低经济增长速度。如果能顺利实现调控目标,而未出现负增长或低增长,这说明宏观调控非常有效,经济矛盾正在逐步改善,证券市场也将反映这种态势而表现出平稳的上升。

(4) 转折性的经济增长。

如果国内生产总值经过一段时间的负增长,速度开始减缓,并出现向正增长转变的迹象,这表明经济环境正在好转,证券市场也将由下跌转为上升。当经济由低增长转向高增长时,表明经济结构得以调整,经济"瓶颈"得到疏通,新一轮高速增长已经来临,证券市场亦将快速上涨。

2. 通货膨胀对证券市场的危害有哪些?

答:(1) 不同阶段的通胀的影响。

早期的通胀发生在经济较为繁荣时期,物价虽有上涨,但仍处于市场可以接受的范围,这种涨幅还不影响市场的各种交易。证券价格处于"头部状态"。随着需求逐渐小于供给,处于头部的证券价格开始下跌,有些证券甚至下跌破位,投资者信心受挫,资金相应撤离。证券市场经过急剧下挫后,交易清淡,此时通胀已经处于晚期,经济恢复仍需一个较长时期,投资者对经济前景不乐观,证券价格将持续低迷。

(2) 不同程度通胀的影响。

温和、稳定的通胀可以推动证券价格上升。这种通胀通常被看作是扩张性经济政策的结果,以温和、稳定的通胀来刺激经济,其初始阶段将会造成证券品种之间的结构性调整。如果通胀幅度有限,经济又处于比较景气阶段,证券价格也能稳步攀升。严重的通胀则非常危险,资金相应流出资本市场,证券价格随之大跌。同时,扭曲的经济失去效率,企业不仅筹集不到必需的生产资金,而且原材料、劳动力价格飞涨,企业经营严重受挫,盈利减少,甚至濒临破产倒闭。政府不能容忍长期通胀,则必然会运用宏观经济政策进行打压,结果置企业于紧缩的宏观形势中,企业利润下降,资金进一步离开资本市场,证券价格又会形成新一轮下跌。

3. 财政政策如何对证券市场发挥作用?

答:财政政策对证券市场的影响,主要通过以下几个途径:

(1) 财政预算对证券市场的影响。采用财政盈余或者财政赤字政策,会产生缩小和扩张社会总需求不同结果。财政预算的支出方向可以调节社会总供求的结构,影响和改变国民经济现在和未来的经济结构。

(2) 税收政策的调整。税收可以调节不同企业、不同个人的收入分配,"区别对待"和"公平税负"可以对不同的产业或行业有所鼓励,有所限制;税收可以根据消费需求和投资需求的不同对象设置税种或者设置差别税率,控制供求数量,调节供求结构;税收还可以促进国际收支的平衡,通过税率的调节鼓励或者控制进出口的数量与品种。

(3) 国债的发行量及利率水平。国债可以调节国民收入初次分配,将企业和居民的部分收入以信用的形式集中在国家手中,扩大财政支出的规模,将原来的消费资金转化为投资基金,用于农业、能源、基础设施等国民经济的薄弱部门,调整固定资产投资结构,调节国民收入的支出结构和产业结构,促进经济结构的合理化。

(4) 综合财政政策对证券市场的影响。所谓综合的财政政策的影响实际上是指政府在不同的经济形势下,分别采取财政收大于支、收小于支,或者收支基本平衡的政策对证券市场的影响。

4. 判断行业类型的主要方式是什么?

答:判断行业性质一般有以下方式:

(1) 判断某行业是否属于周期型行业,需要观察该行业销售额在同一时期与国内生产总值是否同方向变化,如果在繁荣时,该行业的销售额也逐年增长;在经济衰退时,销售额也同步下降,说明该行业很可能是周期型行业。

(2)判断某行业是否是增长型行业,需要观察该行业的年增长率与国内生产总值的年增长率的关系。如果在大多数年份中,该行业的年增长率都高于国民经济综合指标的年增长率,说明该行业很可能是增长型行业。

(3)判断某行业是否是防卫型行业,需要观察在经济周期中,其销售额与国民生产总值关系,如果在繁荣期,该行业增长相对较慢,而萧条期,则表现比较平稳,这就属于防卫性行业。

第六章 公司上市条件和上市公司情况分析

一、名词解释

1. 股票上市:股票上市是指已经发行的股票经证券交易所批准后,在交易所公开挂牌交易的法律行为,它是连接股票发行和股票交易的桥梁。

2. 差额分析法:也称绝对分析法,就是以数字之间的差额进行分析,它通过分析财务报表中有关科目的绝对值大小差额,来研判上市公司的财务状况和经营成果。

3. 流动比率:该指标反映流动资产与流动负债的比率关系,其计算公式为

$$流动比率=流动资产÷流动负债$$

4. 每股收益:该指标反映在一个会计年度内平均每股普通股票所得的盈利,它的计算公式为

每股收益=(净利润－优先股股利)÷(发行在外的普通股的平均股票数)

5. 市净率:该指标是将每股净资产与股票市价联系起来分析的指标,即:每股市价÷每股净资产,可以说明市场对公司资产质量的评价。

6. 资产收益率:该指标反映的是企业净利润与平均资产总额的百分比。资产收益率计算公式为

$$资产收益率=净利润/平均资产总额$$

二、填空题

1. 5 000万元

2. 差额分析法　比较分析法
3. 小　较大　50%
4. 小　大
5. 短期偿债能力　2　1　0.1
6. 利润总额　固定利息费用
7. 资本结构
8. 资金周转
9. 总资产　收入
10. 销售净利率
11. 大于
12. 净流入　净流出
13. 3 000万元

三、单项选择题
1. A　2. B　3. D　4. A　5. B　6. C　7. D　8. B　9. A　10. C
11. D　12. C

四、判断题
1. 错　2. 对　3. 对　4. 错　5. 对　6. 错　7. 错　8. 对　9. 错　10. 错
11. 错　12. 错　13. 对

五、计算题
解：(1) 资产负债比率＝负债合计/资产合计
　　　　　　　　　＝(1 680＋200＋200)/6 290＝33.07%
(2) 流动比率＝流动资产÷流动负债＝3 940/1 680＝2.35
速动比率＝(流动资产－存货－待摊费用－预付贷款)÷流动负债
　　　　＝(3 940－900－0－200)/1 680＝1.69
(3) 应收账款周转率＝营业收入÷应收账款平均余额
　　　　　　　　　＝14 000÷(1 000＋1 300)/2＝12.17
存货周转率＝营业成本÷存货平均余额＝8 000÷(800＋900)/2＝9.41
总资产周转率＝销售收入÷资产总额＝14 000÷6 290＝2.23
(4) 利息支付倍数＝税息前利润÷利息费用
　　　　　　　　＝(4 130＋70)/70＝60
市盈率＝每股市价/每股收益＝15.5/(3 097.5÷2 300)＝11.51

(5) 每股净资产＝净资产/普通股股数＝(6 290－1 680－200－200)/2 300＝1.83

2015年每股支付的股利＝500/2 300＝0.22元

六、问答题

1. 简述公司上市的意义。

答：(1) 形成良好的独立经营机制；

(2) 形成良好的股本扩充机制；

(3) 形成良好的市场评价机制；

(4) 形成良好的公众监督机制。

2. 我国《证券法》规定出现什么情况时,上市公司要暂停上市?

答：根据我国《证券法》第五十五条规定,上市公司有下列情形之一的,由证券交易所决定暂停其股票上市交易：

(1) 公司股本总额、股权分布等发生变化不再具备上市条件；

(2) 公司不按照规定公开其财务状况,或者对财务会计报告作虚假记载,可能误导投资者；

(3) 公司有重大违法行为；

(4) 公司最近三年连续亏损；

(5) 证券交易所上市规则规定的其他情形。

3. 上市公司会计信息披露包括哪些内容?

答：一般情况下,上市公司的会计信息披露包括如下一些内容：

(1) 数量性信息；

(2) 非数量性信息；

(3) 期后事项信息；

(4) 公司分部业务的信息；

(5) 其他有关信息。

4. 在偿债能力分析中,为何有了流动性比率指标,还要用速动比率指标?

答：(1) 流动比率。该指标反映流动资产与流动负债的比率关系,其计算公式为

$$流动比率＝流动资产÷流动负债$$

它说明了每元流动负债究竟有几元流动资产来抵偿,因此有时也称为

"营运资金比率"。一般情况下,这项指标较高为好,但不能太高,否则无从体现公司的经营效益。

(2) 速动比率是企业速动资产与流动负债的比率。公式:速动比率＝速动资产/流动负债。所谓速动资产,是指流动资产减去变现能力较差且不稳定的存货、待摊费用、待处理流动资产损失等后的余额。由于剔除了存货等变现能力较弱的不稳定资产,因此,速动比率较之流动比率能够更加准确、可靠地评价企业资产的流动性及其偿还短期负债的能力。

因此,有了流动性比率指标,还要用速动比率指标。

5. 股东权益指标是否越高越好,为什么?

答:不是。该指标反映股东权益与资产总额的比率。其计算公式为

$$股东权益比率＝股东权益总额÷资产总额$$

这里的股东权益总额即资产负债表中的所有者权益总额。该项指标反映所有者提供的资本在总资产中的比重,反映企业基本财务结构是否稳定。一般来说,股东权益比率大比较好,因为所有者出资不存在像负债一样到期还本的压力,不至于陷入债务危机,但也不能一概而论。从股东来看,在通货膨胀加剧时,企业多借债可以把损失和风险转嫁给债权人;在经济繁荣时,多借债可以获得额外的利润;在经济萎缩时期,较高的股东权益比率可以减少利息负担和财务风险。股东权益比率高,一般认为是低风险、低报酬的财务结构;股东权益比率低,是高风险、高报酬的财务结构。

因此,股东权益指标高低要分情况而论,不是越高越好。

6. 试述上市公司财务分析的缺陷。

答:(1) 财务报告的信息不完备性;

(2) 财务报表中非货币信息的缺陷;

(3) 财务报告分期性的缺陷;

(4) 历史成本数据的局限性;

(5) 会计方法的局限性。

第七章 证券投资的技术指标应用

一、名词解释

1. 基本面分析:是指证券分析师根据经济学、金融学、财务管理学及投

资学等基本原理,对决定证券价值及价格的基本要素,如宏观经济指标、经济政策走势、行业发展状况等进行分析,评估证券的投资价值,判断证券的合理价位,提出相应的投资建议的一种分析方法。

2. K线图：把每个交易日某个证券的开盘价、收盘价、最高价、最低价的所有变动情况全部记录下来,然后,按一定的要求绘成图表。因绘制的图形像常见的蜡烛,所以K线图也称蜡烛图形。

3. 支撑线：将两个或两个以上的相对低点连成一条直线,即得到支撑线。

4. 乖离率：乖离率又称Y值,是移动平均线原理衍生出的一项技术指标,其功能主要是通过测算股价在运行中与移动均线出现偏离的程度,从而得出股价在剧烈震荡中,因偏离移动均线趋势而造成可能的反弹或回档,以及股价在允许的范围内波动而形成继续原有轨迹的程度。

5. 相对强弱指标：相对强弱指标是买卖双方力量对比的数值指标,主要通过一段时间的平均收盘涨数和平均收盘跌数来分析衡量市场走势。该指标可以反映证券供求双方力量的变化,有助于对证券走势做出大体正确的判断。

6. 威廉指标：威廉指标与随机指数的概念类似,也表示当日的收市价格在过去的一定时间内全部价格中的相对位置。也就是将其中的最高价减去当日收市价,再将其差除以这段日子的全部价格就得出当日威廉指标数据。

二、填空题

1. 价格　成交量
2. 主要趋势　次要趋势　短期趋势
3. 最低价　最高价
4. 空方实力　多方实力
5. 先抑后扬　先扬后抑
6. 空方力量比较强
7. 开盘价　收盘价　最低价
8. 两头多,中间少
9. 股价　短期移动平均线　中期移动平均线
10. 正负差　离差平均值或异同平均值
11. 0—100　50　0至20之间　80至100之间
12. 0.382、0.618

三、单项选择题

1. C 2. B 3. D 4. A 5. C 6. C 7. A 8. B 9. B 10. C
11. C 12. A

四、判断题

1. 错 2. 对 3. 错 4. 错 5. 错 6. 对 7. 对 8. 对 9. 错 10. 对
11. 错 12. 错 13. 对 14. 对 15. 错

五、计算题

1. 解：

10 天内 6 天上涨，涨幅分别为：0.15 0.55 0.30 0.50 0.20 0.20

10 天内 4 天下跌，跌幅分别为：−0.30 −0.20 −0.50 −0.1

10 天内涨幅平均值：(0.15+0.55+0.30+0.50+0.20+0.20)/10＝0.19

10 天内跌幅平均值：(−0.30−0.20−0.50−0.10)/10＝−0.11

$$RSI = \frac{N \text{日内收盘价涨幅均值}}{N \text{日内收盘价涨幅均值} + N \text{日内收盘价跌幅均值}} \times 100$$

$$= \frac{0.19}{0.19 + 0.11} = 63.33$$

RSI 值大于 50，表示多方力量强于空方，买方需求旺盛。RSI 值还没有达到 80，没有进入超买阶段。

2. 解：（1）

$$RSV = \frac{C_t - L_T}{H_T - L_T} \times 100 = \frac{13.30 - 11.30}{14.50 - 11.30} = 62.5$$

$$K_t = \frac{2}{3} K_{t-1} + \frac{1}{3} RSV = \frac{2}{3} \times 55.90 + \frac{1}{3} \times 62.5 = 58.1$$

$$D_t = \frac{2}{3} D_{t-1} + \frac{1}{3} RSV = \frac{2}{3} \times 50.80 + \frac{1}{3} \times 62.5 = 54.7$$

（2）$WMS = \dfrac{H_T - C_t}{H_T - L_T} \times 100 = \dfrac{14.50 - 13.30}{14.50 - 11.30} \times 100 = 37.5$

六、问答题

1. 试述技术分析与基本面分析的优点与局限性。

答：(1) 技术分析的优点。技术分析使用的工具随手可见，它简单实用又易于普及推广；技术分析采用图表公式，它们是历史的继承，经长期实践修正，具有相当的稳定性和明显的规律性。

缺点：技术分析所用信息都是已经发生的，它相对滞后于行情的发展，无法有效指导长期投资；技术分析有可能出现"骗线"现象；技术分析不是百宝全书。它无法指出每次行情波动的上下限。

（2）基本面分析的优点。首先是信息数据的稳定性；其次是资料分析的综合性。人们只有严格按要求搜集信息，认真分析，才能获得相对全面有效的结论以指导投资实践。

基本面分析的局限性。首先是信息成本相对较高；其次是信息的时滞效应；再者是对投资者素质要求较高。

2. 请对带有上下影线的阴线和阳线多空双方的实力情况进行分析。

答： 带上下影线的阳线或阴线；这是 K 线图中最普遍也最常见的图形。无论是先抑后扬，还是先扬后抑，双方互有攻守，最终结果多方胜出，就形成各带上下影线的阳线。反之，最终空方占优，就形成各带上下影线的阴线。对此分析，主要看上下影线与实体部分的长度及两者的比例，反映它们之间的力量对比。一般规律是，上影线越长，或下影线越短；阳线实体部分越短，或阴线实体部分越长，就越有利于空方。反之，上影线越短，下影线越长，阳线实体部分越长，阴线实体部分越短，就越有利于多方。再结合 K 线所处价位可进一步分析趋势。

3. 试述移动平均线的特点。

答：（1）移动平均线具有惯性特点。均线是过去数据的归纳提炼，其滞后性是显而易见的。股价涨势明显，均线才逐渐昂头向上延伸。在股价下挫初期，均线却仍然保持向上势头，直至股价落势延续一段时间才会低头下滑，这是均线的一大惯性特点。

（2）移动均线有助涨或助跌的特点。当股价由均线下方向上突破，且均线向股价上方移动，这种股价与均线齐头并进的现象被称为多头支撑。如股价回落到均线附近，均线就会对股价产生支撑力量，因为投资者认为均线不易被打破，他们就会买进，从而导致股价上升，这就是移动均线的助涨功能。均线同样有助跌倾向，如股价从均线上方回落，均线自己也呈下移状态，则出现空头阻力，在均线向下滑动，而股价回升到均线附近时，会引发人们的抛售愿望。

4. 乖离率指标有什么作用？

答：（1）经验表明，人们以基期 10 天（两周交易日）为分析基础，当乖离率为5%时,可认为是进入了超买区,即得出卖出信号;反之,该数据值为负4.5%时,可认为进入了超卖区域,可适当减磅。需指出的是,该数据与采用的基期天数密切相关,基期天数越多,其数据区域也就越宽,反之就越窄。

(2)随着股价走势的强弱与高低变化,乖离率也周而复始地穿梭于零点的上方和下方,显示其有一定的预测功能。

(3)利用乖离率分析还可以与股价曲线的背离现象结合来作判断。如股价创出新高,而乖离率的高点却在下移,这也是一个获利回吐的信号,提示人们卖出。反之,股价未创新高,而乖离率却反而升高,同样提示人们卖出。如股价连创新低,逐波下移,而乖离率反而底部抬高,这是买入信号。如股价没有进一步下跌,而乖离率倒出现新低,这也表达了同样的买入信息。

5.某股票3天内的股价情况如下表,请画出该股票3天内的K线图,并对股票未来走势做简单预测。

价　格	星期二	星期三	星期四
开盘价	15.00	14.30	15.20
收盘价	14.00	15.00	16.50
最高价	15.20	15.25	16.50
最低价	14.00	14.20	15.20

答:

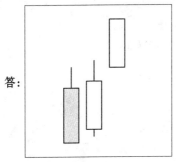

第一天K线收盘价即最低价,显示股价走低,但是接下来的第二天,阳线包住前一天的阴线,第三天又以光头、光脚的大阳线报收,后市向上走高的概率较大。

第八章 金融衍生商品交易分析

一、名词解释

1. 期货合约：期货合约是由交易所统一制定，规定在未来某一特定时期，双方各自向对方承诺交收一定数量和质量的特定商品或金融商品的协议书，该协议书具有法律效应。

2. 看跌期权：看跌期权是指期权赋予持有人在到期日或到期日前，以固定价格出售标的资产的权利。其授予权利的特征是"出售"。因此也可以称为"择售期权""卖出期权"或"卖权"。

3. 美式期权：是指期权的购买方可以在该期权到期日或到期日之前的任何时间执行合约。

4. 内在价值：期权的内在价值是指当期权立即执行时投资者获取的回报，以欧式期权为例，看涨期权的内在价值可以为 $\max(S_T - X, 0)$，看跌期权的内在价值为 $\max(X - S_T, 0)$。

5. 认购权证：认购权证赋予持有者在特定时间内以约定的行权价格向发行人购买标的股票的权利，其实质是股票的看涨期权。

6. 欧式权证：约定持有人仅能在特定到期日行权的属于欧式权证。

二、填空题

1. 货币期货　股票指数期货
2. 外汇汇率　股票价格指数
3. 475 000
4. 协定价格＋期权费　协定价格－期权费
5. 美式期权　欧式期权
6. 套期保值　价格发现
7. 百元净价报价
8. 合约价值的 8%
9. 内在价值　时间价值
10. 认购权证　认沽权证
11. 1 800 元　18 元　小于 18 元　大于 20 元

三、单项选择题

1. A　2. B　3. B　4. B　5. A　6. C　7. B　8. D　9. C　10. A

11. A 12. C

四、判断题

1. 错 2. 对 3. 对 4. 对 5. 对 6. 错 7. 错 8. 错 9. 对 10. 对 11. 对 12. 对

五、计算题

1. 解：计划购买 A、B 股票所需要的资金：

$10 \times 200 \times 100 + 13 \times 100 \times 100 = 330\,000$ 元

(1 手一般为 100 股)

一个月后购买股票所需要的资金：

$11 \times 200 \times 100 + 14.5 \times 100 \times 100 = 365\,000$ 元

现货方面多付出 35 000 元

用 33 万元可以购买的期指合约数量为

$330\,000/(8\,800 \times 50) = 0.75 \approx 1$ 份

卖出期指合约的盈利为 $(9\,700 - 8\,800) \times 50 = 45\,000$ 元

净获利：$45\,000 - 35\,000 = 10\,000$ 元

所以该投资者实现了盈利性的套利。

2. 解：现货方面该投资者三个月后损失 6 万元。

因为手中有现货，怕股价下跌，所以该投资者应卖出股指期货进行套期保值。

该证券组合的 β 值 $= 1.02 \times 12\% + 1.05 \times 15\% + 1.04 \times 16\% + 1.10 \times 8\% + 1.06 \times 18\% + 1.07 \times 10\% + 1.20 \times 13\% + 1.30 \times 8\% = 1.092\,1$

卖出股指期货合约的数量：

$1\,000\,000/(50 \times 9\,000) \times 1.092\,1 = 2.43$

四舍五入买 2 份合约。

期货的盈利：$(9\,000 - 8\,500) \times 50 \times 2 = 50\,000$ 元

期现套利损失 1 万元。

3. 解：(1) 如果该投资者直接买入股票获利为 $(40 - 30) \times (6\,000/30) = 2\,000$ 元

收益率为 $2\,000 \div 6\,000 = 33.33\%$。

(2) 如果买入期权，可以买 $6\,000 \div (2 \times 100) = 30$ 份

期权获利：$(40 - 33 - 2) \times 30 \times 100 = 15\,000$ 元

收益率为 15 000/6 000＝250%。

4. 解：(1) 如果市价低于 27 元，两个看涨期权的买方都放弃执行权利，投资者收益为期权费之差。即：200－300＝－100 元。

(2) 如果市价位于 27—30 元之间，第一个期权买方执行权利，第二个期权买方弃权，投资者的收益为－100 到 200 元之间，其不赢不亏点为 28 元。因为：

(28－27－3)×100＋2×100＝0。

(3) 如果市价高于 30 元，两个看涨期权的买方都执行权利，

投资者收益为(x－27－3)×100＋(30－x＋2)×100＝200 元　（x 为标的资产市价）。

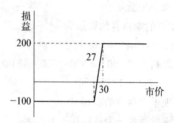

5. 解：(1) 市价低于 19 元，看跌期权的买方执行权利，看涨期权的买方弃权，市价为 19 元时，投资者的盈利为：(23－19－3－2)×100＝－100 元，市价越低于 19 元，投资者的亏损越小于 100 元。

(2) 市价位于 19—23 元时，两个期权的买方都执行权力，投资者的盈利为(x－19－3)×100＋(23－x－2)×100＝－100 元(x 为标的资产的市价)。

(3) 市价高于 23 元时，看涨期权的买方执行权利，看跌期权的买方弃权，市价为 23 元时，投资者的盈亏为：(23－19－3－2)×100＝－100 元，市价越高于 23 元，投资者的盈利越大。

综上：投资者的亏损最多为－100 元。

6. 解：(1) 市价低于 16 元，看跌期权的买方执行权利，看涨期权的买方弃权，市价为 16 元时，投资者的损亏损为－100 元，市价越低于 16 元，投资者损失越大。最大亏损为－1 500 元。

(2) 市价位于 16—22 元时，两个期权的买方都放弃执行权力，投资者的

亏损为两份期权费之差,$(2-3)\times100=-100$ 元。

(3) 市价高于 22 元时,看涨期权的买方执行权利,看跌期权的买方弃权,市价 27 元时,投资者不赢不亏,因为:$(27-22-3-2)\times100=0$,市价越高于 27 元,投资者盈利越大。

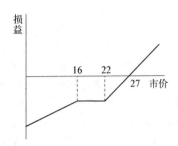

六、问答题

1. 试述国债期货的特点。

答:(1) 国债期货交易实行保证金交易(亦称杠杆交易);

(2) 国债期货交易的成交与交割不同步;

(3) 国债期货交易发生实物交割的比例很低;

(4) 国债期货交易风险较大;

(5) 国债期货是交易所内交易。

2. 股指期货合约的内容通常包括哪些内容?

答:(1) 合约标的。

(2) 合约乘数及合约价值。合约乘数用以计算股指期货合约的价值。

(3) 合约月份。

(4) 交易时间。

(5) 每日价格最大波动限制。

(6) 最低交易保证金。

(7) 交割方式。

3. 简述期权的分类。

答:(1) 按授予期权持有人权利的类别可以划分为看涨期权和看跌期权;

(2) 按照期权执行时间可以划分为欧式期权和美式期权;

(3) 按照期权合约的标的资产划分,期权可以分为现货期权、期货期权和期权的期权;

(4) 按照期权的应用范围,可以分为实物期权和金融期权;

(5) 按照交易场所分为场内期权和场外期权。

4. 试述期权价格的构成及影响因素。

答:期权价格主要由内在价值和时间价值所组成。

期权的内在价值是指当期权立即执行时投资者获取的回报。以欧式期权为例,看涨期权的内在价值可以表示为 $\max(S_T - X, 0)$,看跌期权的内在价值为:$\max(X - S_T, 0)$。其中:S_T 表示标的资产到期时的市场价格;X 表示期权的协定价格。

期权的时间价值是指期权购买者为购买期权而实际付出的期权费超过该期权内在价值的部分价值。它与剩余期限和内在价值有关。一般来讲,剩余期限越长,时间价值越大;但当期权临近到期日时,在其他条件不变的情况下,时间价值下降速度加快,并逐渐趋于零。另外,期权时间价值还与标的资产的波动性有关,一般波动率越大,期权的时间价值也越大。

与内在价值不同的是,期权的时间价值比较难以计算,一般用期权的市场价格减去期权的内在价格。

5. 简述期权交易与期货交易的区别。

答:虽然期权和期货都是金融衍生工具,但它们有下列几点区别:

(1) 期货交易不像期权交易那样,依据客户需求量体定做;

(2) 期权交易与期货交易双方的权利义务不同;

(3) 期权交易与期货交易双方承担的风险是不同的。

6. 试述权证价格及其影响因素。

答:权证的价格也由它的内在价值和时间价值构成。认股权证的内在价值是指其标的股票价格与行权价格之差乘上换股比率,内在价值大于或等于零,不能小于零。权证的时间价值是指在权证有效期内,标的股票价格波动为权证持有者带来的潜在价值。时间价值一般很难计算。

影响权证价值的主要因素有:

(1) 标的资产价格;

(2) 权证执行价格;

(3) 权证有效期;

(4) 标的资产价格波动性；

(5) 无风险利率。

第九章　证券市场的监管

一、名词解释

1. "三公原则"：是保护投资者合法利益不受侵犯的基本原则，也是保护投资者利益的基础。"三公"原则的具体内容包括：(1)公开原则；(2)公平原则；(3)公正原则。

2. 自律模式：自律模式通常没有制定直接的证券市场管理法规，而是通过一些间接的法规来制约证券市场的活动；同时，这种模式不设立全国性的证券管理机构，而是仅依靠证券市场的参与者，如证券交易所、券商协会等进行自我管理。

3. 内幕人员：内幕人员指的是由于持有发行人的证券，或者在发行人或者与发行人有密切关系的公司中担任董事、监事、高级管理人员，或者由于其会员地位、管理地位、监督地位和职业地位，或者作为雇员、专业顾问履行职责，能够接触或者获得内幕消息的人员。

4. 虚假陈述：指行为人对证券发行、交易及其相关活动的事实、性质、前景、法律等事项做出不实、严重误导或者有重大遗漏的陈述或者报道，致使投资者在不了解事实真相的情况下，做出证券投资决定的行为。

5. 证券欺诈：指在发行、交易、管理或者其他相关活动中发生的内幕交易、操纵市场、欺诈客户、虚假陈述等行为。

6. 注册制：是指发行人在发行证券之前，首先必须按照法律规定申请注册，这其实是一种发行证券的公司的财务公布制度。

二、填空题

1. 监管　规范　2. 操纵市场　虚假陈述　3. 充分公开　4. 持续披露　5. 国家集中统一监管模式　自律模式　6. 自律管理　7. 操纵市场　8. 欺诈客户　9. 百分之一以上百分之五以下　10. 注册制度　核准制度

三、单项选择题

1. D　2. A　3. D　4. C　5. D　6. C　7. D　8. A　9. B　10. D

四、判断题

1. 错　2. 对　3. 对　4. 错　5. 错　6. 对　7. 错　8. 错　9. 错　10. 错

五、问答题

1. 试述证券市场"三公"原则和证券市场"八字"方针的内容。

答:"三公"原则,是保护投资者合法利益不受侵犯的基本原则,也是保护投资者利益的基础。"三公"原则的具体内容包括:(1)公开原则,又称信息公开原则。公开原则的核心要求是实现市场信息的公开化,即要求市场具有充分的透明度。(2)公平原则。证券市场的公平原则,要求证券发行、交易活动中的所有参与者都有平等的法律地位,各自的合法权益能够得到公平的保护。(3)公正原则。公正原则是针对证券监管机构的监管行为而言的,它要求证券监督管理部门在公开、公平原则的基础上,对一切被监管的对象给予公正待遇。公正原则是实现公开、公平原则的保证。

所谓发展证券市场的"八字"方针就是"法制、监管、自律、规范"。八字方针揭示了证券市场发展过程中各因素之间的相互关系,四个方面相辅相成,缺一不可。其中,法制是基础,监管和自律是手段,规范则是目的与核心。

2. 试述证券发行注册制和核准管理制的区别。

答:(1)证券发行审核制度一般分为两种:一种是以美国联邦证券法为代表的注册制度;一种是以美国部分州的证券法及欧洲大陆各国的《公司法》为代表的核准制度。

(2)证券发行注册制度是指发行人在发行证券之前,首先必须按照法律规定申请注册,这其实是一种发行证券的公司的财务公布制度。作为一种法律制度,注册制所表现出来的价值观念反映了市场经济的自由性、主体活动性和政府管理经济的规范性和效率性。

(3)证券发行核准制度是指在规定证券发行的基本条件的同时,要求证券发行人将每笔证券发行报请主管机关批准。这种制度以维护公共利益和社会安全为本位,不重视行为个体的自由权。

3. 对证券交易所进行监管的模式主要有几种?

答:目前世界上对证券交易所的监管主要有三种模式:(1)结合型监管模式。这种监管模式既注重政府权力对证券交易所的管理,也充分考虑证券交易所的自律管理,美国、日本、加拿大、韩国等国家主要采取这种模式。(2)自律型监管模式。这种模式特别强调证券商和证券交易所的自我管制,以英国为代表的一些英联邦国家大都采用之。(3)行政型监管模式。该模式的最大特点在于强调政府权力对证券交易所的外部管理,为欧洲大陆多数国家所采用,因此又称为"欧陆模式"。

4. 简述证券市场违法违规行为的分类。

答: 证券市场违法违规行为主要是指证券市场的参与者、管理者违反法律、法规、规章的规定,在从事证券的发行、交易、管理或者其他相关活动中,扰乱证券市场秩序,侵害投资者合法权益的行为。主要包括:(1)证券欺诈行为,指在发行、交易、管理或者其他相关活动中发生的内幕交易、操纵市场、欺诈客户、虚假陈述等行为。(2)其他违规行为。包括:上市公司大股东做庄、股改后的企业并购重组问题、上市公司违规买卖本公司股票、上市公司擅自改变募股资金用途及银行资金违规入市等。

图书在版编目(CIP)数据

证券投资分析学习指导/于丽,胡海鸥编著.—3 版.—上海:复旦大学出版社,2018.1
新编经济学系列教材
ISBN 978-7-309-13402-5

Ⅰ.证… Ⅱ.①于…②胡… Ⅲ.证券投资-投资分析-高等学校-教材 Ⅳ.F830.91

中国版本图书馆 CIP 数据核字(2017)第 292929 号

证券投资分析学习指导(第 3 版)
于 丽 胡海鸥 编著
责任编辑/徐惠平 姜作达

复旦大学出版社有限公司出版发行
上海市国权路 579 号 邮编:200433
网址:fupnet@fudanpress.com http://www.fudanpress.com
门市零售:86-21-65642857 团体订购:86-21-65118853
外埠邮购:86-21-65109143 出版部电话:86-21-65642845
浙江省临安市曙光印务有限公司

开本 850×1168 1/32 印张 6 字数 143 千
2018 年 1 月第 3 版第 1 次印刷

ISBN 978-7-309-13402-5/F·2423
定价:16.00 元

如有印装质量问题,请向复旦大学出版社有限公司出版部调换。
版权所有 侵权必究